世界と日本
がわかる
国ぐにの歴史

一冊でわかる
エジプト史

山崎世理愛・五十嵐大介
Yamazaki Seria　Igarashi Daisuke

河出書房新社

はじめに

知っているようで知らないエジプト

エジプトといえば古代文明やピラミッド、スフィンクス、ツタンカーメンを思い浮《う》かべる人が多いと思います。実際に古代エジプトに関する本は、数多く出版されています。でも、古代から現在にいたるまでの「エジプト通史」を紹介する本は、あまり見かけません。遺構《いこう》・遺物《いぶつ》から過去を探る考古学と、書物・文献《ぶんけん》からできごとをたどる歴史学は、別の研究ジャンルなので、通史にまとめるのはけっこう大変なのです。

古代エジプト文明が幕《まく》を下ろしたあと、エジプトではイスラーム教が広まり、十字軍《じゅうじぐん》やモンゴル帝国《ていこく》、ナポレオンの侵攻《しんこう》にさらされました。アフリカ、ヨーロッパ、アジアの3地域をつなぐ場所に位置することから、さまざまな勢力が入り乱《みだ》れたのです。

本書は、数千年にわたるエジプトの歴史の流れを、できるだけコンパクトに、一冊にまとめました。エジプトに興味をもつみなさんのお役に立てれば幸いです。

山崎世理愛・五十嵐大介

知って びっくり!

エジプトの4つのひみつ

初めてエジプト史にふれるあなたに、意外な事実を紹介します!

ひみつ1

初期のピラミッドは階段状だった!

だれもが知っているピラミッドは、きれいな四角錐《しかくすい》ですが、最初期のピラミッドは6段の階層《かいそう》に分かれた「階段ピラミッド」でした。その後、上半分と下半分で傾斜角度《けいしゃかくど》の異《こと》なる「屈折《くっせつ》ピラミッド」が築《きず》かれました。四角錐の形が定《てい》着《ちゃく》したのはさらにそのあとです。

→くわしくは 26 ページへ

ひみつ2

元奴隷がエジプト王に!?

13世紀にエジプトを支配したアイユーブ朝は、マムルークという軍人奴隷《ぐんじんどれい》を戦争で使いました。マムルーク出身のバイバルスは、モンゴル軍を撃退《げきたい》したことで名をあげ、スルタン(王)となりました。

→くわしくは 144 ページへ

ひみつ3

スエズ運河の利益はイギリスのもの?

1869年に地中海と紅海《こうかい》を結ぶスエズ運河《うんが》が完成しました。ところが、建設当時のエジプトの政府は、財政難《ざいせいなん》のために運河を運営する会社の株《かぶ》のほとんどをイギリスに売ってしまい、利益《りえき》が得られませんでした。

→くわしくは 170 ページへ

ひみつ4

3年間だけシリアと連合してひとつの国だった!

エジプトの第二代大統領だったナセルは、国を越《こ》えて「アラブ人の連帯」を掲《かか》げました。1958年、エジプトはシリアとアラブ連合共和国を結成し、ひとつの国になりました。ただし、1961年にシリアが離脱《りだつ》して崩壊《ほうかい》します。

→くわしくは 202 ページへ

さあ、エジプト史をたどっていこう!

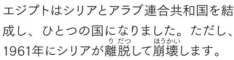

目次

chapter 5 イスラーム時代

chapter 8 現在・未来のエジプト

ひみつコラム

プロローグ

現在のエジプトとこれまでのエジプト

アフリカ大陸の北東に位置するエジプト（エジプト・アラブ共和国）は、面積が約100万平方キロメートルで、日本の約2・7倍あります。ただしその約95％は、人間が生活できない砂漠《さばく》で占《し》められます。そこで人びとは、古代から現在までナイル川両岸のわずかな緑地や砂漠のオアシスで暮《く》らしてきました。

現在のエジプトの人口は、約1億926万人です。つまり、日本よりわずかに少ない人口が、日本の面積の約7・5分の1しかない土地に集中して生活しているのです。

古代から現在まで、ナイル川は人びとの生活の中心として存在してきました。ナイル川は全長約6650キロメートルもある世界最長の河川で、エジプトの国土を南から北へ縦断《じゅうだん》し地中海へと注《そそ》ぎます。1970年にアスワン・ハイダムが完成するまで、ナイル川は毎年同じ時期に増水《ぞうすい》しました。この増水により、たくさんの水分や養分をふくむ土がエジプトの地へと運ばれ、人びとは豊かな穀物《こくもつ》を収穫《しゅうかく》することができました。

ナイル川は、南北を移動する際の便利な水上の通り道としても使われてきました。さ

エジプトの領土

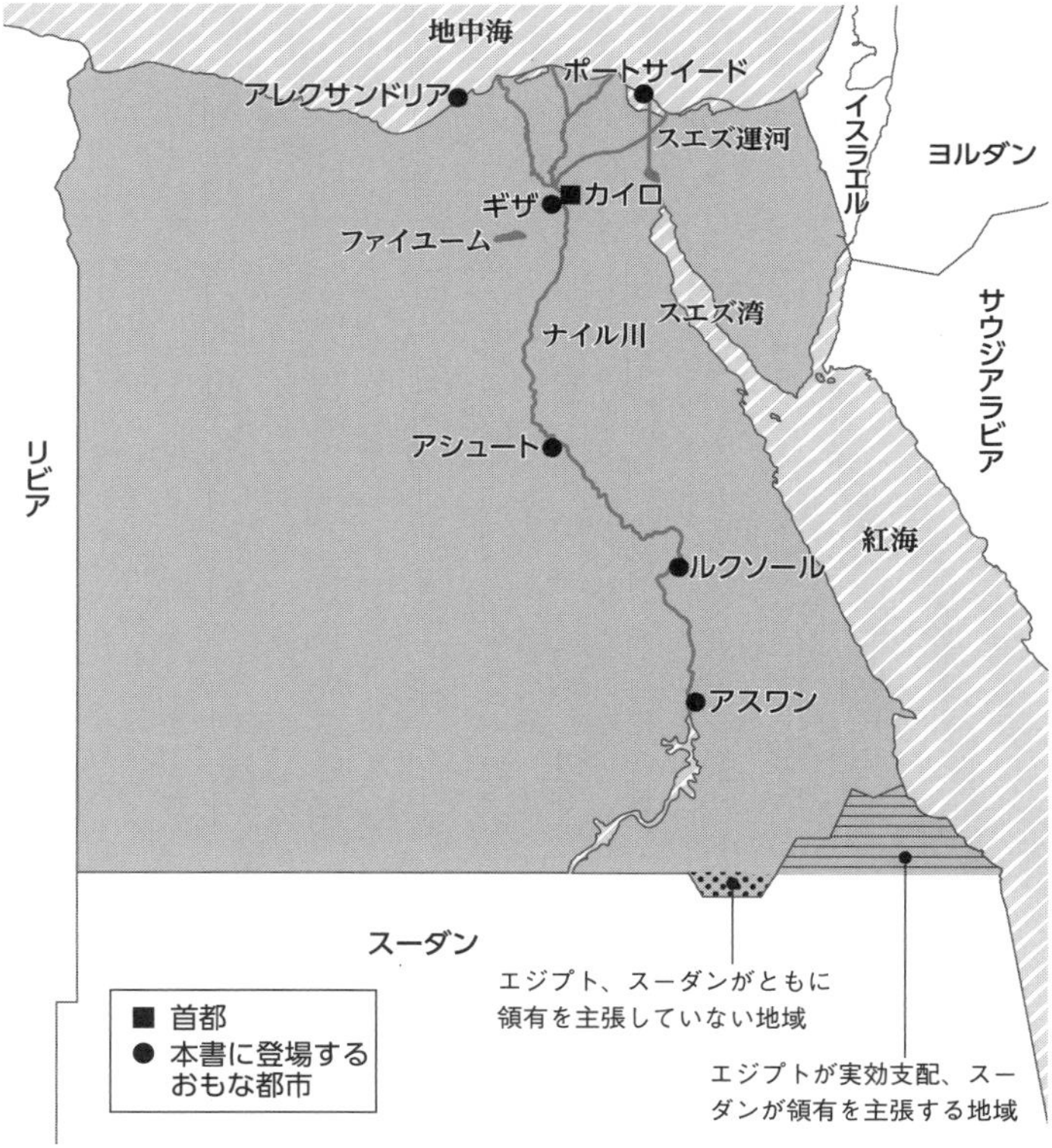

総面積	約100万㎢
総人口	約1億926万人

※外務省ホームページ
（2023年9月時点）の情報にもとづく

らに、エジプトの気候は高温乾燥《こうおんかんそう》で、夏には気温が40度を超えることもありますが、雨はほとんど降《ふ》りません。ナイル川の水は日常生活や農業においてとても重要なのです。

首都のカイロを越えると、ナイル川はいくつもの支流に分かれ、デルタ地帯（三角《さんかく》州《す》）となります。ここにも都市はつくられ、地中海に面したアレクサンドリアは、アフリカ有数の大都市にまで成長しています。

紀元前5世紀のギリシアの歴史家ヘロドトスは、著作《ちょさく》『歴史』に「エジプトはナイルの賜物《たまもの》」という言葉を残しました。これは、ナイル川の増水によって運ばれた肥沃《ひよく》な土がエジプト北部のデルタ地帯に堆積《たいせき》し、沖積地《ちゅうせきち》を形成していることを述べたものです。

人びとが暮らすナイル川両岸の緑地に対して、古代エジプト人は砂漠を「死の世界」ととらえていました。そうした砂漠に、墓地《ぼち》や神殿《しんでん》など多くの遺跡《いせき》が残され、観光地となっているところもあります。「死の世界」に残されたものが現在ではエジプトの経済を支《ささ》える大きな収入源のひとつとなっているのです。

では、現在までのエジプトの文化と国土はどのようにして形づくられたのでしょうか。ナイル川流域における定住と農耕・牧畜《ぼくちく》の開始は、約7500年前にさかのぼります。

chapter 1

先王朝時代〜初期王朝時代

農耕と牧畜のはじまり

エジプトに残るもっとも古い人間の活動痕跡《こんせき》は旧石器時代のものです。当時の生活は、狩猟《しゅりょう》や植物・貝類の採集《さいしゅう》によって成り立っていて、道具として使われた石器などが見つかっています。

その後、紀元前5500年〜4000年ころの新石器時代には、まずエジプトの北部で農耕・牧畜がはじまり、紀元前4400年ころには、南部でも農耕と牧畜を営《いとな》む文化が現れました。

古代エジプトの地理を、もう少しくわしく説明します。

ナイル川の東側は山地が連なる砂漠地帯で、さまざまな石材が採掘《さいくつ》されました。ナイル川流域と紅海《こうかい》沿岸は、ワディと呼ばれる涸《か》れ谷（水のない谷）によって結ばれていました。また、ナイル川の西側にも砂漠が広がり、緑地のオアシスに都市が点在していました。

ナイル川流域の人びとは、自分たちが生活するエリアをケメト（「黒い土地」の意味）と呼んでいました。ナイル川が氾濫《はんらん》すると、栄養をたくさんふくむ黒い泥《どろ》が積もり、そこに耕地を拓《ひら》くことができたのです。

北が下エジプト、南が上エジプト

現在の首都カイロより北のナイル川下流域は、川の支流によってデルタ地帯が形成されています。このデルタ地帯を「下《しも》エジプト」といい、カイロより南からアスワンまでの南部を、「上《かみ》エジプト」といいます。アスワンのさらに南には、異なる文化をもつヌビアがありました。

古代エジプトにはノモス（州）と呼ばれる行政区域が存在し、上エジプトに22、下エジプトには20のノモスがありました。各ノモスには中心都市があり、それぞれに信仰《しんこう》される主神《しゅしん》が存在しました。

そのころ、日本では？

現在の日本列島にヒトが来たのは、４万年～３万8000年前のことといわれています。日本列島では、およそ１万6500年前から土器が出現します。このころは、まだ農耕は広まっておらず、人びとは魚介類や果実などの狩猟採集で生活していました。

古代エジプトの人びと自身も、自分たちの国土が上下エジプトからなると認識《にんしき》していました。

ナカダ文化とブト・マーディ文化

紀元前4000年ころ、上エジプトではナカダ文化が現れ、下エジプトではブト・マーディ文化が出現しました。ここからエジプトが統一されるまでを、先王朝時代《せんおうちょう》と呼びます。

ナカダ文化では、パレット（化粧板《けしょうばん》）や石製容器、美しい波状剝離《はじょうはくり》ナイフなどがつくられました。なかには、専門の職人が高度な技術を駆使《くし》して時間をかけてつくるものもありました。それを手にできるのは限られた人びとで、大きな墓《はか》に数々の副葬品《ふくそうひん》とともに埋葬《まいそう》されます。副葬品には、遠隔地《えんかくち》から運ばれた貴重《きちょう》なものもふくまれていました。

つまり、ナカダ文化では、はっきりとした身分のちがいが存在し、一部の人びとが富《とみ》や権力をもっていたのです。

一方、下エジプトのブト・マーディ文化の領域《りょういき》では、社会がそこまで発展しておらず、身分や貧富の差は大きくなかったとみられます。

　やがてナカダ文化は北へと拡大し、ブト・マーディ文化の領域におよびました。ブト・マーディ文化の土器はナカダ文化の土器に取って代わられ、埋葬習慣もナカダ文化のものに変化したことがわかっています。これを「ナカダ文化による文化的な統一」と

上下エジプトとノモス

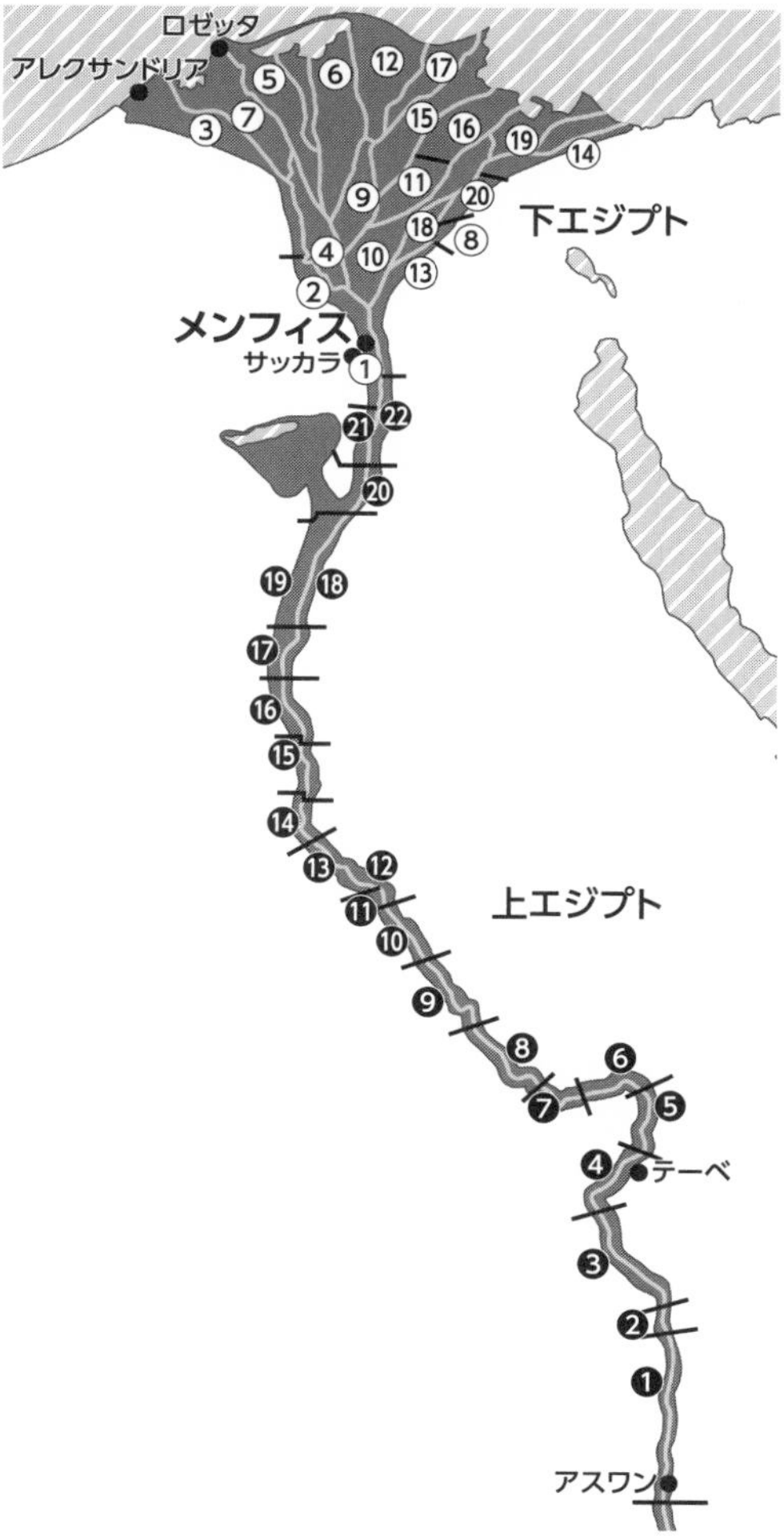

いいます。

そして紀元前３０００年ころ、ナルメル王によって上下エジプトが政治的に統一され、王朝時代がはじまりました。ナルメル王のパレットには、武力によって下エジプトを制圧《せいあつ》する王の姿が描《えが》かれています。

初期王朝時代

ナルメル王のエジプト統一により、初期王朝時代がはじまります。首都は、上エジプトと下エジプトが接するメンフィスに置かれました。これは、両地域を見渡《みわた》すことができ、エジプト全土を安定して支配するためでした。
王を頂点とする行政組織も発達していきました。王や官僚《かんりょう》など身分の高い人びとは、マスタバ（アラビア語でベンチの意味）と呼ばれる墓に埋葬され、高価な副葬品も入れられました。マスタバは、地上にレンガを使って築かれた直方体《ちょくほうたい》の構造物《こうぞうぶつ》と地下の埋葬

室からなります。

初期王朝時代は、第1王朝と第2王朝に分けられます。第1王朝の王は上エジプトの主要都市であるアビドスに埋葬され、第2王朝の王はおもに首都メンフィスに近いサッカラに埋葬されました。

第2王朝の王は、代々ホルス神を信仰して「ホルス名」を名乗りました。しかし、中期ごろに現れたセケムイブ王は、上エジプトのナカダの神であるセトを信仰して「セト名」のペルイブセンを名乗りました。ペルイブセンの墓は、サッカラではなく上エジプトのアビドスにつくられました。

ペルイブセンの時代のエジプトは混乱状態にあったとみられ、エジプト全土が統一されていたかどうかは議論が分かれています。

第2王朝の混乱の収束

ペルイブセンの後を継《つ》いだ王はホルス名を採用してカセケムを名乗り、ホルス神への信仰心を示しました。カセケム王はエジプト全土を統治《とうち》するため、下エジプトに対して統一戦争をしかけ、多くの敵《てき》を倒《たお》したとみられます。

さらにカセケム王は、ホルスとセトを合体させた「ホルス・セト名」を採用して、カセケムイと改名しました。これは、ホルスとセトというそれぞれの守護神《しゅごしん》をもつ勢力を支配することを示しているといわれます。

カセケムイ王は、アビドスに巨大な王墓《おうぼ》と葬祭周壁《そうさいしゅうへき》（周壁の内側で亡《な》き王に向けた葬儀《そうぎ》など、何らかの儀礼が行われたといわれる）をつくりました。第2王朝の混乱はこの王によって収《おさ》められ、国内は安定しました。

カセケムイ王のもと、墓地や神殿で活発な建築活動が行われるようになり、その後、巨大なピラミッドが建造される古王国時代へと続いていきます。

古代エジプトの王朝と時代区分

先王朝時代を経《へ》て、ナルメル王がエジプトを統一したあとの古代エジプト史は、31の王朝に区分されます。つまりこのあと、第3王朝、第4王朝と続いていくのです。

この歴史区分は、紀元前3世紀はじめにエジプト人神官《しんかん》マネトがあらわした歴史書『エジプト史』で取り入れられ、おもに王墓の場所が基準《きじゅん》となっています。歴史の流れをそのまま示すわけではありませんが、特定の王が統治した時期がわかると便利なため、研究者のあいだで現在も使われています。第1王朝からはじまる長い王朝時代は、さらに古王国《こおうこく》時代、第1中間期《ちゅうかんき》、中王国《ちゅうおうこく》時代、第2中間期、新王《しんおう》国《こく》時代、第3中間期、末期王朝《まっきおうちょう》時代に区分されます。「中間期」は、いくつかの王朝が並立《へいりつ》した時期に当たります。

そのころ、日本では？

青森県青森市の三内丸山《さんないまるやま》遺跡《いせき》には、紀元前3900 ~ 2200年ごろの長期間にわたって人が住んでいた大きな集落跡があります。この遺跡からは、大型掘立柱建物《おおがたほったてばしらたてもの》の柱穴《はしらあな》が発見されており、宗教的な施設《しせつ》か海岸を監視《かんし》するための物見《ものみ》やぐらだったのではないかといわれています。

知れば知るほどおもしろいエジプトの偉人❶

記録が豊富に残された第1王朝の王

デン

Den

紀元前 30 世紀ころ

多くの新たな試みをはじめる

記録が少ない第１王朝の王たちですが、５代目のデン王の治世になると歴史的記録が豊富《ほうふ》になります。デン王はいくつもの新しい試《こころ》みを行いました。まず、デン王の墓では、ゆるやかに下降《かこう》する階段が入口から埋葬室までをつなげ、石製容器《せきせいようき》やラベル、象牙《ぞうげ》製品、家具などがスムーズに納《おさ》められました。

デン王の石製容器やラベルには、治世30年目とその後３年ごとに行われるセド祭《さい》の記録が刻《きざ》まれています。第２回セド祭の記録もあり、デン王が長いあいだ統治したことがわかります。また、デン王の南パレスチナ遠征《えんせい》の記録もラベルに残されています。この遠征によって交易《こうえき》ルートを確立し、エジプトにはパレスチナの土器が大量に輸入されました。さらに、デン王は王権強化のため「上下エジプト王名」を加えたほか、エジプト全土の祠堂《しどう》を訪《おとず》れるなど、活発な宗教活動も行いました。

chapter 2

古王国時代〜中王国時代

ピラミッド建設のはじまり

紀元前2686〜2181年ごろを古王国時代(第3〜第6王朝)といいます。首都メンフィスが重視され、この周辺に王の墓がつくられました。

古王国時代は、巨大なピラミッドが建設された時代です。レンガや植物でつくられていたそれまでの建築物とは異なり、ピラミッドはすべて石でつくられました。

エジプトでいちばん古いピラミッドは、第3王朝のジェセル王(当時はネチェリケトと呼ばれた)がサッカラに築いた「階段ピラミッド」です。

ピラミッドと聞くときれいな四角錐を思い浮かべるかもしれませんが、最初につくられたピラミッド

は、その名のとおり階段状でした。

ジェセル王は、まず初期王朝時代のようにマスタバをつくりましたが、そのあと増改《ぞうかい》築《ちく》して高さ約60メートルの6段の階段ピラミッドを完成させています。

階段ピラミッドは広大な壁《かべ》に囲まれています。壁の内側にはピラミッド本体のほか、祭殿《さいでん》などの建物、壁の入り口から続く柱が並《なら》んだ通路、中庭《なかにわ》など、さまざまなものがあります。これらはまとめて「ピラミッド複合体《ふくごうたい》」と呼ばれます。

ジェセル王のピラミッド複合体は、世界最古の巨大な石造建築物といえます。

このピラミッド複合体のうち、ピラミッドの南側にある中庭、祭殿、祠堂は、セド祭のためにつくられました。セド祭は、王位更新祭《おういこうしんさい》とも呼ばれる祝祭《しゅくさい》です。王の即位《そくい》から30年後に1回目が行われ、2回目以降は3年ごとに実施《じっし》されました。

王が中庭を走りまわる儀式を行うことで、十分な体力や生命力があり、今後も安定して統治することを示しました。王位更新祭によって、人間でもあり神でもある王の特別な力がよみがえり、支配力を復活《ふっかつ》させると考えられたのです。

ジェセル王のピラミッド複合体は、「永遠」を表すため、すべてが朽《く》ちにくい石でつくられ、セド祭が来世でも行われ続けるよう願われました。当時の人びとが王の偉大《いだい》さを認識していたからこそ、こうした巨大なモニュメントが建設できたともいわれます。

シンボルとしての小型階段ピラミッド

ジェセル王に続くセケムケト王も、完成させることはできなかったものの、ジェセル王のピラミッドの近くに階段ピラミッドを建設しようとしました。

そのあと、第3王朝最後のフニ王は、エジプト各地に小さな階段ピラミッドを建設していきました。また、第4王朝最初の王であるスネフェルの小型階段ピラミッドも、ファイユームのサイラで1基《き》見つかっています。

埋葬室がない小型階段ピラミッドは、王墓としてつくられたわけではありません。地方にあるそれぞれの中心地に建てられ、首都から遠く離《はな》れた場所でも王の存在と威厳《いげん》を示すためのシンボルであったといわれています。すべてのノモスに小型階段ピラミッドがつくられたと主張する研究者もいます。

古王国時代には、首都メンフィスの重要性が増していくのと同時に、王によるエジプト全土の支配が強化されていきました。第4王朝には中央集権がさらに進み、より巨大なピラミッドがつくられるようになります。

真正ピラミッドの登場

スネフェル王は、メイドゥームに階段ピラミッドをつくりますが、途中で設計《せっけい》を変更し、石材を重ねて完全な四角錐のピラミッドを建築しようとしました。ところが、勾配《こうばい》が急すぎるなど構造に無理があったため崩落《ほうらく》してしまい、現在は「崩《くず》れピラミッド」と呼ばれています。

また、スネフェル王はダハシュールにもピラミッドを建設しましたが、不安定な岩盤《がんばん》や

構造によって崩壊の危機《きき》にさらされます。そこで、途中で上半分の傾斜角をゆるやかに変更しました。これは「屈折ピラミッド」と呼ばれます。

スネフェル王が同じくダハシュールに築いた「赤ピラミッド」には、赤みをおびた石灰岩《せっかいがん》が用《もち》いられました。「屈折ピラミッド」の上部と同じゆるやかな角度で建設され、地盤《じばん》も安定した場所が選ばれました。

この赤ピラミッドこそが、最初の完全な四角錐の「真正《しんせい》ピラミッド」です。以降、真正ピラミッドが標準的な形となっていきます。

かつての階段ピラミッドは、王が天に昇《のぼ》る階段を表現していました。王の葬祭殿やピラミッドの入り口は北に向いており、王は北天《ほくてん》の星に自身の再生復活を祈りました。

第4王朝になると太陽信仰がさかんになり、太陽の光を象徴する真正ピラミッドがつくられていきます。葬祭殿は日が昇る東側につくられ、王は太陽神ラーの化身《けしん》とみなされるようになったのです。

なお、ピラミッドは王の墓というイメージがありますが、スネフェル王のように複数のピラミッドを造営《ぞうえい》する王がいたり、実際にはミイラが発見されていないピラミッドが多かったりすることから、すべてのピラミッドが墓であったとはいえません。

クフ王のピラミッドは白かった

太陽神ラーの化身として絶大な権力を手に入れたスネフェル王の後を継いだのは、息子のクフでした。高さ約146メートルにもおよんだクフ王の大ピラミッドは、現在のエジプトを代表する観光名所となっています。

クフ王は、ダハシュールよりも強固《きょうこ》な岩盤があるギザ台地を建設場所として選びました。この場所は計画的な墓地として開発され、クフ王の大ピラミッドを取り囲むように王族や高官《こうかん》のマスタバ墓が規則的《きそくてき》に並んでいます。

この配置は、強力な中央集権を示しています。またこの時代は、王の近くに埋葬されることで死後も王に仕《つか》え、来

そのころ、日本では？

縄文時代に農耕があったかは長く議論されてきましたが、植物の栽培《さいばい》を示す資料が各地の遺跡から見つかっており、その存在は確実になってきています。とくに、紀元前2300年ころからは、イネ、ムギ、アワといった穀物類も西北九州を中心に栽培されていました。

世で再生復活ができるという考えもありました。

クフ王の後を継いだ息子のジェドエフラー王は、初めて「サ・ラー（ラーの息子）」を名乗りました。王と太陽神ラーとのつながりが強調《きょうちょう》される一方、王はラーの息子と位置づけられるようになりました。

さらにその後、カフラー王とメンカウラー王がギザ台地にピラミッドを建設します。クフ、カフラー、メンカウラー王のピラミッドは、「ギザの三大ピラミッド」と呼ばれます。3基の南東角を直線で結んで北東へ伸ばした地点には、ヘリオポリスが位置しています。ヘリオポリスは、太陽神ラーにゆかりのある聖地《せいち》でした。

ちなみに現在、三大ピラミッドは薄茶色《うすちゃいろ》ですが、建設当時の見た目は大きく異なっていました。良質な白色石灰岩《はくしょくせっかいがん》で覆《おお》われたクフ王のピラミッドは太陽光で白く輝き、メンカウラー王のピラミッドは、基礎《きそ》に近い下層の表面に赤色花崗岩《せきしょくかこうがん》、それより上の表面に白色石灰岩が用いられたため、2色に見えていました。

メンカウラー王の後を継いだシェプセスカフ王の治世は短く、第4王朝は少しずつ力を弱めていき、第5王朝へと移っていきます。

太陽神殿

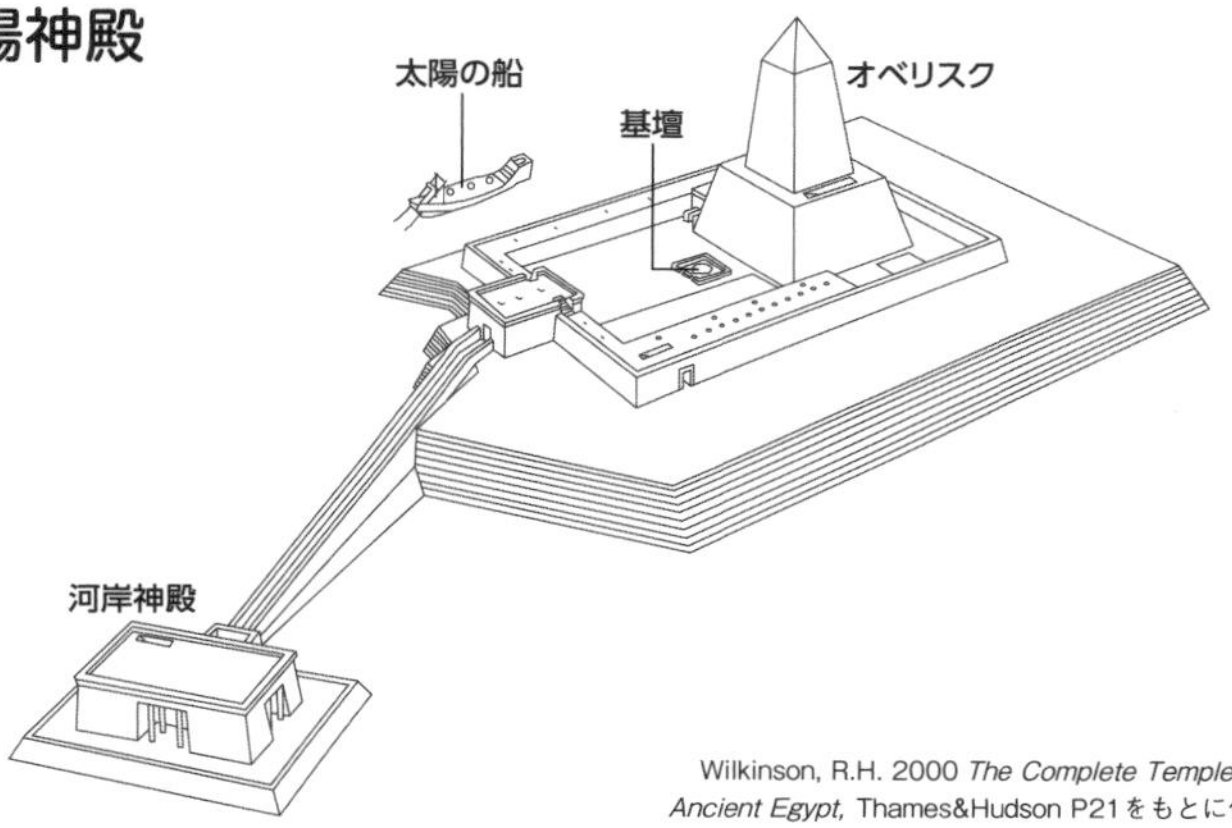

Wilkinson, R.H. 2000 *The Complete Temples of Ancient Egypt,* Thames&Hudson P21をもとに作成

太陽神殿の建設

第5王朝初代王のウセルカフは伝統に立ち返り、ジェセル王の階段ピラミッドの隣《となり》にピラミッドを造営し、さらにアブ・シールに初めて太陽神殿を建設しました。

太陽神殿は、ピラミッド複合体と構造が似ていますが、中心となる建造物はピラミッドではなく、オベリスクと呼ばれる先細りの四角形の塔《とう》でした。以降、この王朝の王たちは、サッカラ、アブ・シール、アブ・グラーブに、ピラミッドと太陽神殿を築いていきます。

第5王朝では、ピラミッドの規模は急激に縮小しますが、太陽信仰はむしろ高まっており、ピラミッドだけではなく太陽神殿がつくられるようになったのです。

ピラミッドに関しては、第4王朝のギザのピラミッドとくらべると小規模ながら、ピラミッド複合体を構成する葬祭殿などの施設が充実し、壁面には精巧《せいこう》なレリーフが多く施《ほどこ》されました。なかには、戦利品《せんりひん》を記録する場面や王がリビア人に勝利している場面を描いたものもあります。

第5王朝の王たちは、トルコ石や銅を求めて、ジェセル王の時代に本格化したシナイ半島への遠征を継続《けいぞく》しました。また、レバノンとのつながりも維持《いじ》し、木材などを獲得《かくとく》していきます。

ウセルカフ王の息子サフラー王は、海外遠征にひときわ力を入れ、紅海沿岸の国プントからマラカイトやミルラ（乳香《にゅうこう》）、琥珀金《こはくきん》を手に入れました。彼の治世に、第5王朝は最盛期を迎《むか》えます。

独立していく高官と地方

海外遠征が活発に実施された一方で、第5王朝には行政組織のトップから王族が退《しりぞ》き、王族以外の人びとが力を強めていきました。

サフラー王の孫で、アブ・グラーブに太陽神殿を建設したことで知られるニウセルラー王の時代になると、高官たちが力をつけ、地方の存在感も大きくなっていきます。

さらに、王たちのピラミッドにおいて日々大量の供物《くもつ》を集めて祭祀《さいし》を行う神官たちの権限も強くなっていきました。中央集権を象徴してきたピラミッドが、神官の増長《ぞうちょう》を招《まね》いたともいえるでしょう。

第5王朝の後半には、みずからの力で墓を建てられる高官や神官が増え、彼らの多くは王のピラミッド付近ではなく、地方に墓を造営していきました。

王族への依存度《いぞんど》が低くなると独自性が高まり、彫像《ちょうぞう》やレリーフの形式・質も均一ではなくなっていきます。ただし、彼らの墓に記された自伝では、王とのつながりが強調されました。みずからの威信《いしん》を高めることで、来世も幸せに過ごせるよう願ったためです。

ニウセルラー王の後を継いだメンカウホル王は短い治世に終わり、続くジェドカラー・イセシ王の時代には、太陽神ラーが変わらず重要視されたものの、太陽神殿の建設は行われなくなりました。

ジェドカラー・イセシ王は中央集権を維持するための行政改革を行いますが、高官や地方の独立、強大化を止めることはできませんでした。

その次のウナス王は、ジェセル王の階段ピラミッドのすぐ近くに、比較的小型のピラミッドを建設しました。それまでのピラミッドとくらべて規模では劣《おと》るものの、玄室《げんしつ》の壁全体を覆うような「ピラミッド・テキスト」が刻まれました。この新たな要素が、以降の古王国時代の王や王妃《おうひ》のピラミッドの特徴となっていきます。

ウナス王は地方支配を強化して王権の維持に努め、ある程度の成果を得ました。しかし、テティ王にはじまる第6王朝の時代には、王権がさらに弱体化して中央集権は崩壊していきます。

ピラミッド・テキストってなに？

ウナス王以降のピラミッドの玄室に刻まれた「ピラミッド・テキスト」は、数々の呪《じゅ》文《もん》で構成されるエジプトで最古の宗教文書です。

もっとも特徴的なのは、死んだ王をあの世の支配者オシリス神と同一視《どういつし》していることです。「オシリス神話」で復活をはたしたオシリス神とみなされることで、同じく来世で再生復活できると考えられたのです。

　こうして、太陽信仰に加え、オシリス神が古代エジプトの葬送《そうそう》儀礼や来世《らいせ》思想《しそう》における非常に重要な位置を占めることになります。

　そもそも、ピラミッドの内部に「ピラミッド・テキスト」が刻まれた理由は、死んだ王に再生復活で必要な呪文の効果をもたらすためでした。葬送儀礼の内容を文章にして刻むことで、儀礼とその効果を永続化《えいぞくか》

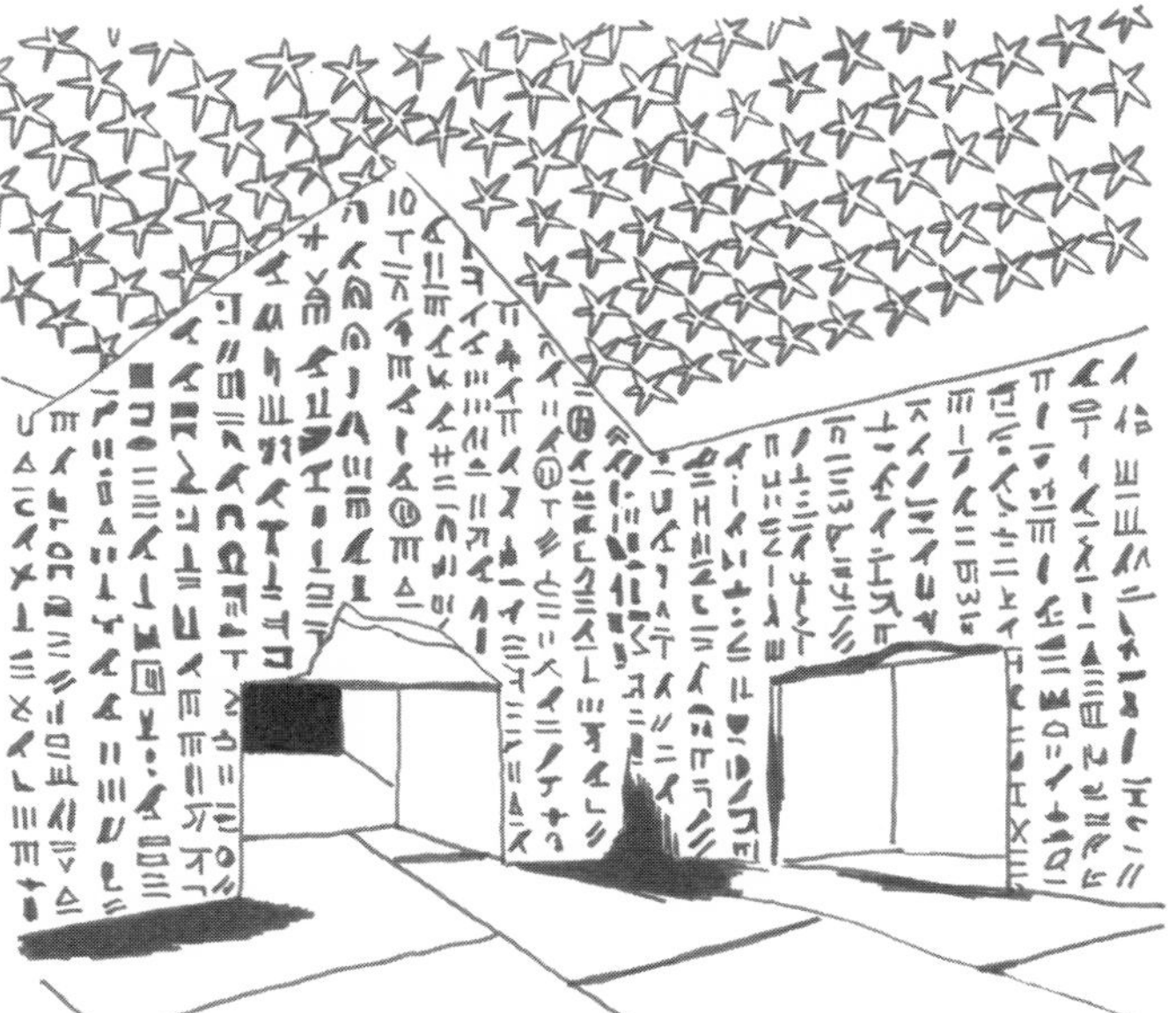

させる意図もありました。呪文としてそこに存在するだけでも、十分な効果があったのだろうといわれています。

古王国時代の終焉

第6王朝の王たちもピラミッドを建設し、玄室には「ピラミッド・テキスト」が刻まれました。5代目の王で、約60年ものあいだ王位に就《つ》いていたとされるペピ2世のピラミッドにも、「ピラミッド・テキスト」が見られます。ただ、長すぎる治世によって政治的な腐敗《ふはい》が進み、王権はますます衰退《すいたい》しました。

ペピ2世以降、貴族の墓に記される自伝は、王とのつながりではなく、自身を英雄視《えいゆうし》することに重きが置かれました。自伝が史実《しじつ》であるかは定かではありませんが、王族ではない彼らの独立心は、いっそう強くなっていたのです。

この時代には、数々の行政改革により南部など地方支配の維持が試みられましたが、強力な王権を復活させることはできませんでした。官僚が増えたことで国の財政は悪化し、地方豪族《ごうぞく》は強大化します。気候の悪化による不作なども重なり、中央集権体制は崩壊し、古王国時代は終わりを迎《むか》えるのです。

南北の対立とエジプトの再統一

古王国時代のあと紀元前2181〜2055年ころは、州侯《しゅうこう》と呼ばれる地方の有力者たちが頭角《とうかく》をあらわしてエジプト全土が混乱する、第一中間期と呼ばれる時代になります。

州侯のひとりアンクティフィは、エジプトが飢饉《ききん》に見舞われても領内の人びとを飢《う》えさせなかったなど、みずからを英雄視する自伝を墓に残しました。真偽《しんぎ》はやはり不明ですが、当時の社会的な混乱や、州侯の立ち位置がみてとれます。

第一中間期前半の第7、第8王朝では、メンフィスの王が名目上はエジプト全土の支配権をもっていましたが、実際には州侯たちがそれぞれ王としてふるまいました。こうした混乱によって、ひとりの王による支配は終わります。

第一中間期後半になると、まず北部エジプトのヘラクレオポリスを中心とする第9、第10王朝が力をつけました。

また、まもなくして独立を宣言《せんげん》した南部エジプトのテーベ周辺の有力者は、第11王朝を樹立《じゅりつ》しました。こうして、北のヘラクレオポリスと南のテーベの対立構図ができあがります。

第11王朝のアンテフ2世は上下エジプトの王を名乗り、ヘラクレオポリスの王朝と戦いをくり広げました。勝利した第11王朝は北へ領土を広げ、南のテーベがしだいに優勢《ゆうせい》になっていきます。

そして、第11王朝のメンチュヘテプ2世の時代になると、州侯たちの反乱をしずめて中部エジプトを支配下に置きます。その後、ヘラクレオポリスの王朝は崩壊し、メンチュヘテプ2世はついにエジプトの再統一をはたしました。

中王国時代のはじまり

メンチュヘテプ2世のエジプト再統一ではじまる中王国時代（紀元前2055～1650年ころ）は、第11王朝後半～第13王朝に当たります。

メンチュヘテプ2世は、西アジア方面や金《きん》などの資源《しげん》が豊富なヌビアへの遠征に加え、

中王国時代のエジプト

地中海
シナイ半島
メンフィス
イチタウイ
ファイユーム
スエズ湾
デル・エル=ベルシャ
ナイル川
紅海
デル・エル=バハリ
ワディ・エル=フディ
アメジスト採掘地域
エジプトの要塞地域
ヌビア

南部エジプトでの建設事業を展開していきました。いくつもの神殿を改修《かいしゅう》・増築《ぞうちく》したほか、デル＝エル＝バハリに王の墓所《ぼしょ》でもある葬祭殿を造営しました。

ただ、中央集権がすぐに確立されたわけではなく、統一王朝に否定的な地方豪族もいました。メンチュヘテプ2世は、統一戦争で北のヘラクレオポリス側につき、再統一後も反抗的《はんこうてき》だった州侯を追放《ついほう》していきます。

一方、再統一をかけた戦いで協力した地方豪族に対しては、暴力や強制によって従《したが》わせるのではなく、良好な関係を保ちながら味方として扱います。

中部エジプトのデル＝エル＝ベルシャでは、州侯を宰相《さいしょう》に登用《とうよう》して力強い協力者を得ました。地方豪族を管理下に置きながらもその存在を認め、ゆるやかに支配したのです。

中部エジプトでは、巨大で手の込《こ》んだ州侯たちの墓がいくつも造営され、彼らに仕えた人びとはその周辺に埋葬されました。工芸品には地方色が濃《こ》く反映《はんえい》され、たとえば棺《ひつぎ》に施される装飾は、エジプト全土で統一的ではなくバラバラでした。

メンチュヘテプ2世の子メンチュヘテプ3世も、父と同様に南部エジプトにいくつかの神殿を造営しています。

さらに続くメンチュヘテプ4世は、その治世は短かったものの、ナイル川東側の砂漠にある複数の涸れ谷（ワディ）に遠征隊を送り、良質な石材や紫水晶《むらさきすいしょう》とも呼ばれるアメジストを手に入れました。

「救世主」アメンエムハト1世

メンチュヘテプ4世のもとで宰相を務《つと》めたアメンエムハトが王（アメンエムハト1世）となり、第12王朝がはじまります。彼は王家との血縁関係がなかったため、自分が王としてふさわしいことを示す必要がありました。そこで文学作品を利用します。

『ネフェルティの予言』と呼ばれる文学作品のなかでは、社会が混乱状態のときにアメンエムハト1世が救世主として現れるという予言が古王国時代の神官によってされてい

ます。こうした方法を使って、王としてふさわしいことが強調されました。

アメンエムハト1世は、それまで中心都市としていたテーベではなく、メンフィス地域のリシュト周辺に、新たな首都イチタウイを設立しました。全土を支配するうえで、上下エジプトを見渡すのにより適した場所に都《みやこ》を移動させたのです。

新たな都の近くでアメンエムハト1世は、ピラミッド建設を再開しました。古王国時代の偉大な王たちとの結びつきを示すため、クフ王やカフラー王のピラミッド複合体の石材がリシュトまで運ばれ、アメンエムハト1世のピラミッドに使われました。

以降の王たちも、アメンエムハト1世にならってメンフィス周辺のリシュトやダハシュールなどでピラミッドを造営していきます。ピラミッド建造で強力な中央集権を誇《ほこ》った古王国時代の王たちに、少しでも近づきたい思いがあったのでしょう。

新首都イチタウイ

王権強化に尽力したアメンエムハト1世でしたが、最期は王宮《おうきゅう》で何者かに暗殺《あんさつ》されてしまいます。海外遠征中だった息子のセンウセレト1世は、すぐさまイチタウイに戻って王位を継承《けいしょう》しました。

亡くなったアメンエムハト1世が後継者のセンウセレト1世に語る形式の『アメンエムハト1世の教訓』という文学作品では、生々《なまなま》しい暗殺の様子が描かれています。陰謀《いんぼう》を防ぐためには兄弟もふくめてだれも信用してはいけないこと、寝ているときも自分の身は自分で守ることなど、王としての現実的な姿勢も語られています。

地方の支配を強めるため、センウセレト1世は首都や宗教の中心地だけではなく、エジプトじゅうで神殿を建造・改修しました。古王国時代、地方神殿は地方の管轄《かんかつ》下にありましたが、それらも中央政府の支配下に置かれるようになります。

新首都イチタウイは、ものづくりの中心地としても発展しました。イチタウイでつくられはじめた土器は、エジプ

そのころ、日本では？

北海道や北東北では、紀元前2000～1700年ごろ、円を描くように石を並べた環状列石《かんじようれつせき》が広まりました。秋田県北秋田市の伊勢堂岱遺跡《いせどうたいいせき》、鹿角市《かづのし》の大湯《おおゆ》環状列石などが例としてあげられ、生活空間の住居とは別に、祭祀・儀礼と関わる施設であったと推定《すいてい》されています。

ト各地に広まっていきます。

アメンエムハト1世とセンウセレト1世は、リビアや西アジア方面、ヌビアへと遠征し、国境には要塞《ようさい》を築きました。支配領域が広まったことで、エジプトでは希少《きしょう》な岩石や鉱物《こうぶつ》などを安定して入手できるようになります。

農地開拓による平和と繁栄

センウセレト1世が亡くなると、息子のアメンエムハト2世が王位を継ぎました。ダハシュールにピラミッドが建造されましたが、それ以外のアメンエムハト2世による建築活動の記録はあまり残っていません。

イチタウイの近くには、砂漠のオアシスであるファイユームがあります。アメンエムハト2世から王位を継承したセンウセレト2世は、この地で大規模な干拓《かんたく》事業をはじめました。以降、ファイユームは豊かな農地として経済を支えることになります。

センウセレト2世の時代は、西アジアとの活発な交易が行われ、軍事遠征の記録は確認されていません。外国と戦争をせずに農地の開拓に力を注いだことから、彼の治世は平和と繁栄《はんえい》の時代といわれています。

センウセレト2世のピラミッド複合体は、ファイユームの南東のはずれにあるラフーンに造営されました。ピラミッド複合体内の南端《なんたん》には、娘のサトハトホルイウヌト王女のシャフト墓（竪穴《たてあな》と地下の埋葬室で構成される墓）があり、装身具などきらびやかな副葬品がたくさん納められました。

中王国時代の工芸品

中王国時代には、貴重で美しい石を用いた精巧な装身具がつくられました。サトハトホルイウヌト王女の墓に納められた胸飾《むねかざ》りやタカラガイ形ビーズを用いた腰飾《こしかざ》りは、その代表例です。

また、アメジストの利用も中王国時代の装身具の特徴です。メンチュヘテプ4世以降の王はアメジストの採石《さいせき》を続け、ネックレスやアンクレット、さまざまな

形の護符《ごふ》などがつくられました。

第一中間期から中王国時代第12王朝中ごろまでの特徴的な副葬品としては、木製の模《も》型《けい》も避《さ》けて通れません。穀物倉《こくもつそう》やビール醸造所《じょうぞうしょ》などにおける作業の様子が模型としてつくられ、死者へ永遠に食べ物を供給《きょうきゅう》するため墓に納められました。木製模型には、当時の人びとの動きが生き生きと表現されています。

中央集権の確立から衰退のきざし

センウセレト2世の後を継いだセンウセレト3世は、金が豊富なヌビアへ軍事遠征を行い、要塞を建設しました。パレスチナに対しても軍事遠征を行ったといわれています。

センウセレト3世は、ダハシュールにピラミッド複合体を建設しただけでなく、南のアビドスに墓を造営しました。最近では、センウセレト3世はピラミッドではなくアビドスの王墓のほうに埋葬されたと考えられています。

センウセレト3世は、地方の州侯の息子をメンフィス地域に連れてきて教育し、王への忠誠心《ちゅうせいしん》を育《はぐく》ませたうえで行政の仕事に就かせるなどして、中央集権化を確立していきました。

後継者のアメンエムハト3世の治世にも、まだ地方に州侯は存在しましたが、それまでの称号《しょうごう》は使わなくなり、墓の規模も小さくなっていきました。また、地方や特定の官僚に権力を集中させない行政改革も実施されました。

アメンエムハト3世は、採石や建築活動も精力的に行いました。トルコ石や銅を求めてシナイ半島に遠征隊を送り出し、国境防備《こっきょうぼうび》の強化や要塞の拡大、いくつもの神殿の建設・拡張《かくちょう》もしています。

一方で、大規模な採石・建築活動によって経済は疲弊《ひへい》しました。アメンエムハト3世の治世後半には、ナイル川が十分に氾濫せず農作物に影響《えいきょう》をおよぼしたこともあって、エジプトは政治的にも経済的にも衰退します。

中王国時代の終焉

アメンエムハト3世の息子（あるいは孫）アメンエムハト4世の治世は、たった9年でしたが、シナイ半島への遠征や海外との交易が続けられました。

アメンエムハト4世には後継ぎがいなかったため、親族の女性（妻ともいわれる）であるセベクネフェルウが女王になったとみられています。彼女の治世についてはあまり記録が残っていませんが、彫像で表現されるセベクネフェルウ女王は、男性と女性の衣装《いしょう》を組み合わせた姿をしています。

また、通常は男性がもつ称号を使うこともあったことから、力強さや王としてふさわしいことを示す必要があったのでしょう。

セベクネフェルウ女王の治世は数年で終わり、第13王朝へと移ります。センウセレト3世の治世に確立された支配体制はこの時代にも採用され、少なくとも第13王朝初期の王たちはエジプト全土を支配下に置いていました。

王はピラミッドを建造し、都も引き続きイチタウイにあ

そのころ、日本では？

北海道洞爺湖町《とうやこちょう》の紀元前1800年ころにつくられた入江貝塚《いりえかいづか》には墓があり、手足の骨が非常に細くポリオにかかっていたと推定される成人男性の骨が発見されています。体が自由に動かせず労働に参加できない人間がいても、集落の人間が介護《かいご》して生活を支えていたようです。

りました。たとえば、ケンジェル王はダハシュール北部にピラミッドを建造しました。

しかし、第12王朝とは異なり、第13王朝は短い治世で次々と王が代わっていきます。

第13王朝の中ころは政情《せいじょう》が比較的安定しており、エジプト各地に王の碑文《ひぶん》が残されています。さらに、交易において重要な場所であった東地中海沿岸のビブロスでは、現地の支配者とともに当時の王ネフェルヘテプ1世の記録がレリーフに表されており、エジプトとビブロスの親密《しんみつ》な関わりもうかがえます。

ただし、ネフェルヘテプ1世はエジプト全土を支配下に置いていたわけではありませんでした。彼の治世にはすでに、東デルタのアヴァリスで別の支配者が統治をはじめていたのです。

その後、メルネフェルラー・アイ王を最後に、王の系譜《けいふ》がたどれなくなります。都もイチタウイからテーベに移り、中王国時代は終焉《しゅうえん》を迎えました。

ひみつコラム

ヒエログリフの秘密

文字自体が神聖視された

古代エジプトには、神殿などの建造物やさまざまな副葬品に施されたヒエログリフ、パピルスと呼ばれる当時の紙に墨《すみ》ですばやく書かれたヒエラティックなど、いくつかの種類の文字がありました。古代エジプト語は縦書きと横書きの両方で記され、横書きでは右から左だけでなく、逆に左から右に書かれる場合もありました。

聖なる文字であったヒエログリフは、動物や人間、身のまわりの品などあらゆるものを美しくかたどっています。たとえば、鳥のくちばしや羽までを写実的で色鮮《あざ》やかに描くこともありました。

「パン」を意味し「t」の音をもつヒエログリフ（左図の「ト」）は、パンを横から見たかたちをしています。現在も南部エジプトでは、「太陽のパン」と呼ばれるパンがあり、丸めたパン生地を太陽光の下で発酵《はっこう》させ焼きます。「パン（t）」を表すヒエログリ

読み	ア	ブ	ド	フ	グ	フ
文字						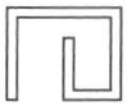

読み	イ	ク	ム	ヌ	プ	ク
文字						

読み	ル	ス	シュ	ト	ウ
文字					

フは、このパンのかたちによく似ています。

ヒエログリフは文字自体に力があるとされ、ときには墓や副葬品に描くヒエログリフの一部分をわざと表現しないこともありました。たとえば、フクロウをかたどったヒエログリフの脚《あし》を描写しないといった具合です。これは、ヒエログリフとして描かれた動物が実体化し被葬者に危《き》害《がい》を加えないようにするためでした。

しかし、4世紀にキリスト教がローマ帝国の国教《こっきょう》となると、当時ローマ支配下にあった古代エジプトの伝統的な文化や宗教が迫害《はくがい》されるようになります。ヒエログリフも例外ではなく、異教《いきょう》のものとされて使われなくなりました。

知れば知るほどおもしろいエジプトの偉人❷

第3王朝の建築家

イムヘテプ

Imhotep

紀元前 27 世紀

ピラミッドを建設し、のちに神格化される

宰相で建築家のイムヘテプは第３王朝初代の王ジェセルに仕え、エジプトで最初の巨大石造建造物である階段ピラミッドを建設しました。この階段ピラミッド複合体から見つかったジェセル王の彫像の台座には、王名と並んでイムヘテプの名前と複数の称号が記されています。

建築家としてだけでなく、イムヘテプは書記、医者、天文学者、神官などとしても敬《うやま》われ天才とみなされました。末期王朝時代からは建築と医学の神として神格化され、さらにギリシアの医学の神アスクレピオスと同一視されました。イムヘテプを表した座像《ざぞう》は、賢人《けんじん》らしく膝《ひざ》の上に古代エジプトの紙であるパピルスの巻物《まきもの》を広げています。

現在、ジェセル王の階段ピラミッド複合体があるサッカラには、イムヘテプの名を冠《かん》した「イムヘテプ博物館」があります。

chapter 3

第二中間期〜新王国時代

異民族がやってきた

中王国時代の末、エジプトの政情は徐々に不安定になっていきました。デルタ地帯の防衛《ぼうえい》が不十分になり、西アジア系の人びとが海を越えて住みついたのです。以後、第二中間期（紀元前１６５０〜１５５０年ころ）と呼ばれる時代に、エジプトは異民族《いみんぞく》による支配を経験することになります。

この西アジア系の異民族は「ヒクソス」と呼ばれます。これは、古代エジプト語の「ヘカ・カスウト（異国の支配者）」に由来します。ヒクソスによって、アヴァリスを首都とする第15王朝がつくられました。

なお、それ以前に西アジア系の異民族による第14王朝が存在したとされますが、その実態については議論が続いています。

テーベを首都とする第16王朝と第17王朝の王たちは、ヒクソスの第15王朝と対立しました。第15王朝と第16王朝と同じ時期には、アビドスにも王朝があり、２０１４年にこの王朝のセネブカイ王の墓が発見されています。

ヒクソスを追い出せ

ヒクソスによる第15王朝は、アペピ王の時代に支配領域が最大となり、最盛期《さいせいき》を迎えます。そのころ力をつけてきた第17王朝のセケンエンラー・タアア王は、独立をめざして第15王朝と戦いました。

のちの時代に書かれた物語によると、ヒクソスの王アペピが「テーベのカバの鳴き声がうるさくて眠れないから殺せ」と理不尽《りふじん》な要求をしたことで、セケンエンラー・タアア王が戦うことを決意したとされます。

第二中間期末のエジプト

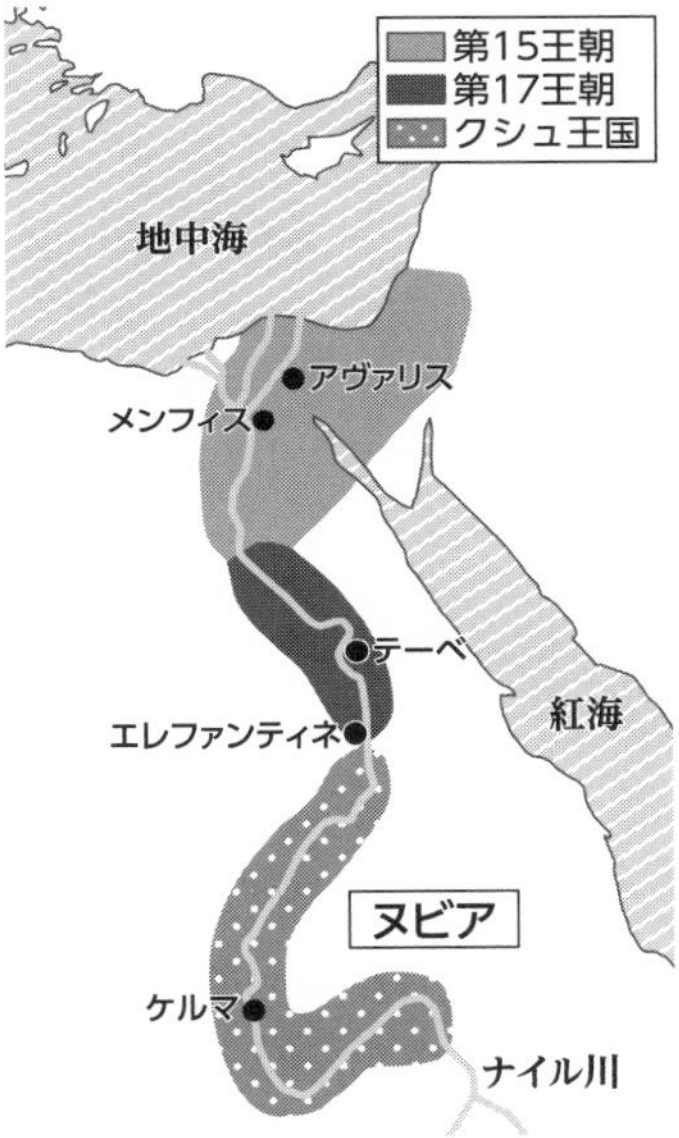

しかし、セケンエンラー・タアア王は、ヒクソスとの戦いに敗れて殺されました。彼のミイラは頬骨《ほおぼね》が砕《くだ》け、首の後ろに短剣《たんけん》で突《つ》かれた跡があ

ります。額《ひたい》にはヒクソスの使った斧《おの》によってつけられた大きな傷がありました。

セケンエンラー・タアア王の後継者となったカーメス王は、ヒクソスとの戦いを再開しました。

ヒクソスは南のヌビアで強い勢力を誇ったクシュ王国と協力して、テーベを北と南から挟《はさ》みうちにしようと考えました。

カーメス王はクシュ王国の王へ手紙を届けようとしたヒクソスの使者を捕《と》らえ、この企《くわだ》てを防ぎました。さらにヒクソスの都アヴァリス付近まで進攻《しんこう》し、クシュ王国にも遠征しています。

最終的に、カーメス王の甥であるイアフメス王がアヴァリスを攻め落とし、パレスチナにあったヒクソスの拠点を支配下に置きました。

そのころ、日本では？

縄文時代後期（紀元前2300～1000年ころ）の前半には、関東甲信地方を中心に、住居の床《ゆか》に大きく平たい石を配置した敷石住居《しきいしじゅうきょ》が多くつくられました。敷石住居の出現時期は気候の寒冷化と重なることから、こうした環境変化に対する何らかの対応策であったといわれます。

こうして、ヒクソスはエジプトから追い出され、第二中間期は終わりました。

新王国時代のはじまり

エジプトを再統一したイアフメス王により、新王国時代の第18王朝（紀元前1550～1069年ころ）がはじまります。イアフメス王は州侯の反乱をしずめ、国内をさらに安定させました。その後を継いだアメンヘテプ1世は、鉱物資源が豊かな南のヌビアに遠征したり、要塞を建設したりして、領土を守り続けます。ヌビアから多くの黄金がもたらされ、エジプトの経済はうるおいました。

続いて王位についたトトメス1世は、クシュ王国の都のすぐ近くまで領土を広げ、ヌビアの支配を固めました。ふたたび異民族に支配されないように西アジアへ遠征し、ユーフラテス川のほとりのカルケミシュまで到達しています。

トトメス1世の息子トトメス2世はわずか3年ほどの治世であったため、西アジアに対しては積極的な軍事遠征は行いませんでした。しかし、ヌビアでたびたび起こる反乱を徹底的にしずめ、父が拡大した領土を守ります。

ハトシェプスト女王

トトメス2世の正妃《せいひ》はハトシェプストという女性でしたが、王位を継承したトトメス3世は別の側室《そくしつ》とのあいだに生まれた子でした。トトメス3世は幼《おさな》かったため、ハトシェプストが摂政《せっしょう》として実権をにぎります。

ハトシェプストは、王名が記されるカルトゥーシュと呼ばれる枠《わく》のなかにみずからの名前を入れるなど、摂政という立場を越えたふるまいをしました。

そして、トトメス3世の治世7年ごろ、ついに王として即位したのです。

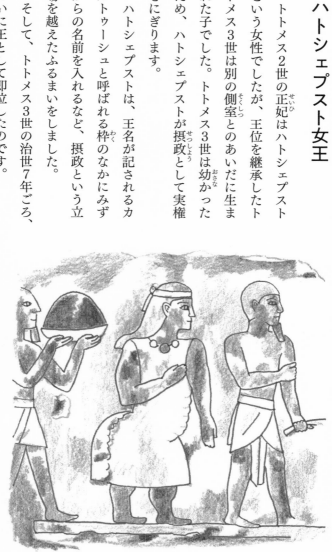

第18王朝前半の王家略系図

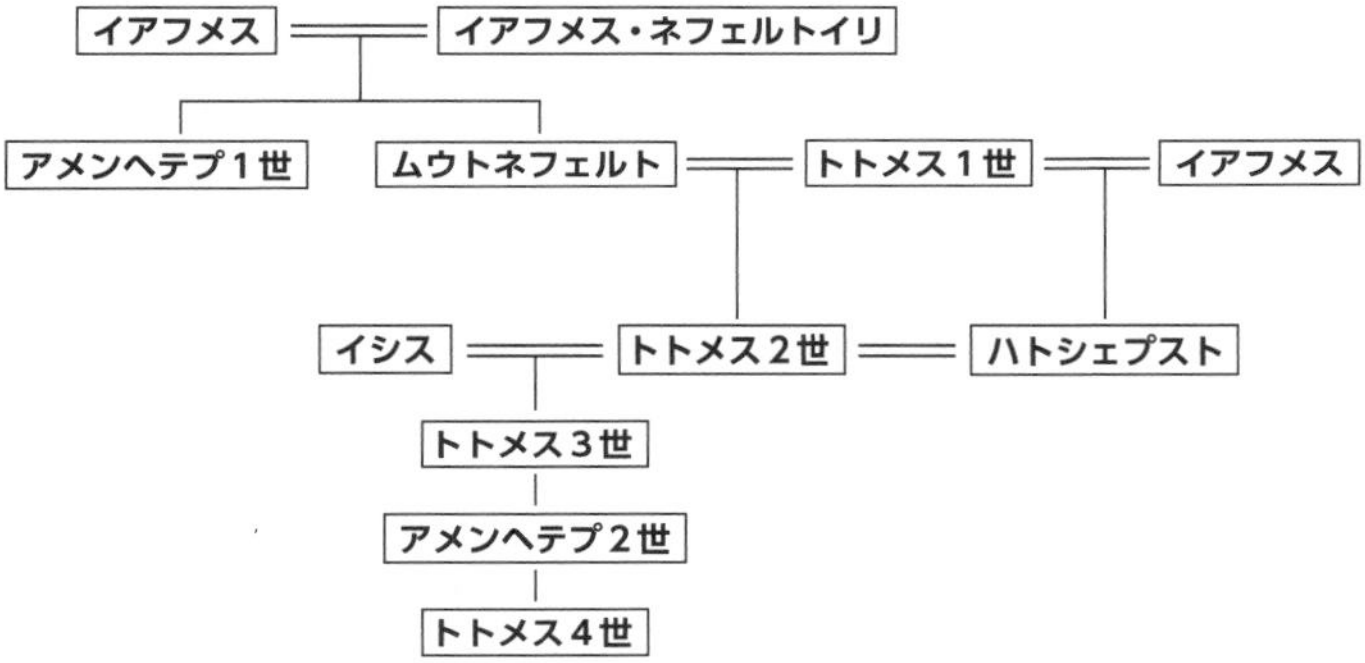

ハトシェプスト女王は、トトメス3世と約15年にわたり共同でエジプトを統治しました。この期間に、南方の紅海沿岸にあったプントと交流し、めずらしい動物や植物などを手に入れます。テーベのデル・エル＝バハリにあるハトシェプスト女王の葬祭殿の壁には、その様子が描かれています。

また、ハトシェプスト女王はエジプト全土で建築活動を行い、とくにテーベではアメン神の祝祭のために数々の神殿を建設しました。

女王の記録を消せ

ハトシェプスト女王がプントとの交易に力を注いでいたころ、エジプトに対抗する西アジアの勢力が結束《けっそく》していきました。

そして女王の死後、それまでおとなしくしていたトトメス3世は単独で統治をはじめ、治世23年には西アジアへ軍事遠征を行います。

以後、トトメス3世は毎年西アジアに軍事遠征を行って領土を広げ、多くの都市を支配下に置きました。こうした軍事遠征はヌビアにもおよびました。

治世46年ころ、トトメス3世は壁画に描かれたハトシェプスト女王の姿を削《けず》るなどして、記録の削除《さくじょ》をはじめます。

これは恨《うら》みを表したわけではなく、息子のアメンヘテプ2世へスムーズに王位を譲《ゆず》るためでした。そもそもエジプトでは、王となるのは男性とされていたため、女王の存在を認《みと》めるわけにはいかなかったのです。

スフィンクスの砂を払えば王になる⁉

勇敢《ゆうかん》で優《すぐ》れた戦士でもあったアメンヘテプ2世は、父の死後に反乱を起こした西アジア地域の諸都市を攻め、ふたたび支配下に置きました。

アメンヘテプ2世の死後はトトメス4世が王位を継承しますが、彼は側室の子であったため、王にふさわしいことを示す必要がありました。

そこで彼は、ギザの大スフィンクスの前足のあいだに石碑《せきひ》を建てます。碑文には、トトメス4世が王子のころに大スフィンクスの陰《かげ》で昼寝《ひるね》をしていると、夢の中にスフィンクスの姿をした太陽神が現れ、「自分を覆っている砂を取り除《のぞ》けば、王になるであろう」と予言したと記されています。この碑文は『夢の碑文』と呼ばれます。

トトメス4世は、父の治世の終わりころに関係が深まったミッタ

ニと同盟を結び、西アジア情勢の安定化に注力しますが、若くしてこの世を去りました。

失われる威厳と信頼

トトメス4世の死により、10歳ほどで王位を継いだアメンヘテプ3世の時代は、西アジア方面は安定し、南のヌビアの植民地支配も順調でした。

西アジアとヌビアからは大量の貢《みつ》ぎ物《もの》がもたらされ、諸外国との交易もさかんになっていきました。新王国時代の最盛期がやってきたのです。

富を得たアメンヘテプ3世は、エジプトとヌビアの全域で神殿の増改築を行いました。また、ミッタニの王女を妃《きさき》に迎えるなど数々の政略結婚《せいりゃくけっこん》を行い、西アジア諸国との関係を強化していきました。

しかし、軍事遠征をしなかったために、エジプトの武力を周囲に見せつける機会がありませんでした。

アメンヘテプ3世の治世の終わりごろ、現在のトルコがあるアナトリアを中心に繁栄していたヒッタイト帝国が、シリア北部へ進出しはじめます。

西アジア情勢が不安定になってもアメンヘテプ3世は戦場に出ず、小規模な遠征隊を送っただけでした。こうして、エジプトは少しずつ威厳や信頼を失っていきます。

アマルナ宗教改革

第18王朝には、王の姿をした国家神アメンと王妃のあいだに、アメン神の血が流れる後継ぎが生まれるという考え方がありました。そのため王はアメン神殿を保護し、多くの寄付《きふ》を行いました。

王を承認《しょうにん》する役割を担ったアメン神官団は、経済力だけでなく宗教上の権威によって、政治にも影響力をもつようになります。そして、その力が強まりすぎたために、王に危険視されはじめます。

アメンヘテプ3世の息子アメンヘテプ4世も、アメン神

そのころ、日本では？

縄文時代中期の紀元前2900 ～ 1900年ころは人口が激増《げきぞう》しました。しかし、これによって深刻な食料不足になり、気候の寒冷化も重なって、紀元前1000年ころには人口が激減《げきげん》します。その後、弥生《やよい》時代に入ると、稲作の普及《ふきゅう》や集落の形成により人口がふたたび増加しました。

の血をくむ後継ぎという原理《げんり》に沿って即位しました。ところがこの王は、実際には治世の最初から別の神アテンを信仰していました。

太陽神アテンを新たな国家神に位置づけたアメンヘテプ4世は、王権をおびやかすアメン神官団の存在を排除《はいじょ》しようとします。他の神々を認めずアテン神を唯一の神とする「アマルナ宗教改革」のはじまりです。

アメンヘテプ4世は、治世4年に中部エジプトのテル・エル＝アマルナにおいて新たな都アケトアテン（「アテンの地平線」の意味）の建設を決定しました。それまで、この地はほかの神をまつる神殿がなかったため、新都《しんと》にぴったりの場所だったのです。

治世5年ころ、アメンヘテプ（「アメン神は満足する」の意味）の名前を、「アテン神にとって有益《ゆうえき》なる者」を意味するアクエンアテンに変えました。

また、アテンをまつる神殿を各地につくり、アメン神の総本山《そうほんざん》であるカルナク神殿にも、神殿を建設しています。

さらにアクエンアテン王は、日輪《にちりん》を戴《いただ》くハヤブサの頭をもつ男性の姿で表されるアテン神の図像《ずぞう》表現を改《あらた》め、日輪とそこから放《はな》たれる光線、その光線の先端《せんたん》にある手が「生命」を意味するアンクをかざしている姿に変えました。要するに、人間や動物の姿をした神の像ではなく太陽そのものを信仰対象としたのです。

この時代には、ほかにもそれまでと明らかに異なる図像表現が採用されていきました。たとえば、浮《う》き彫《ぼ》りや彫像によって表された王は、つり上がった目や厚い唇《くちびる》、膨《ふく》らんだ下腹部など、写実的で独特な表現がされています。これを「アマルナ美術」といいます。

なお、王妃ネフェルトイティが王を伴《ともな》わずに礼拝する場面も描かれており、王妃が宗教改革において重要な役割を担っていたこともわかります。

改革、大失敗

治世9年ころから宗教改革はいっそう過激《かげき》にな

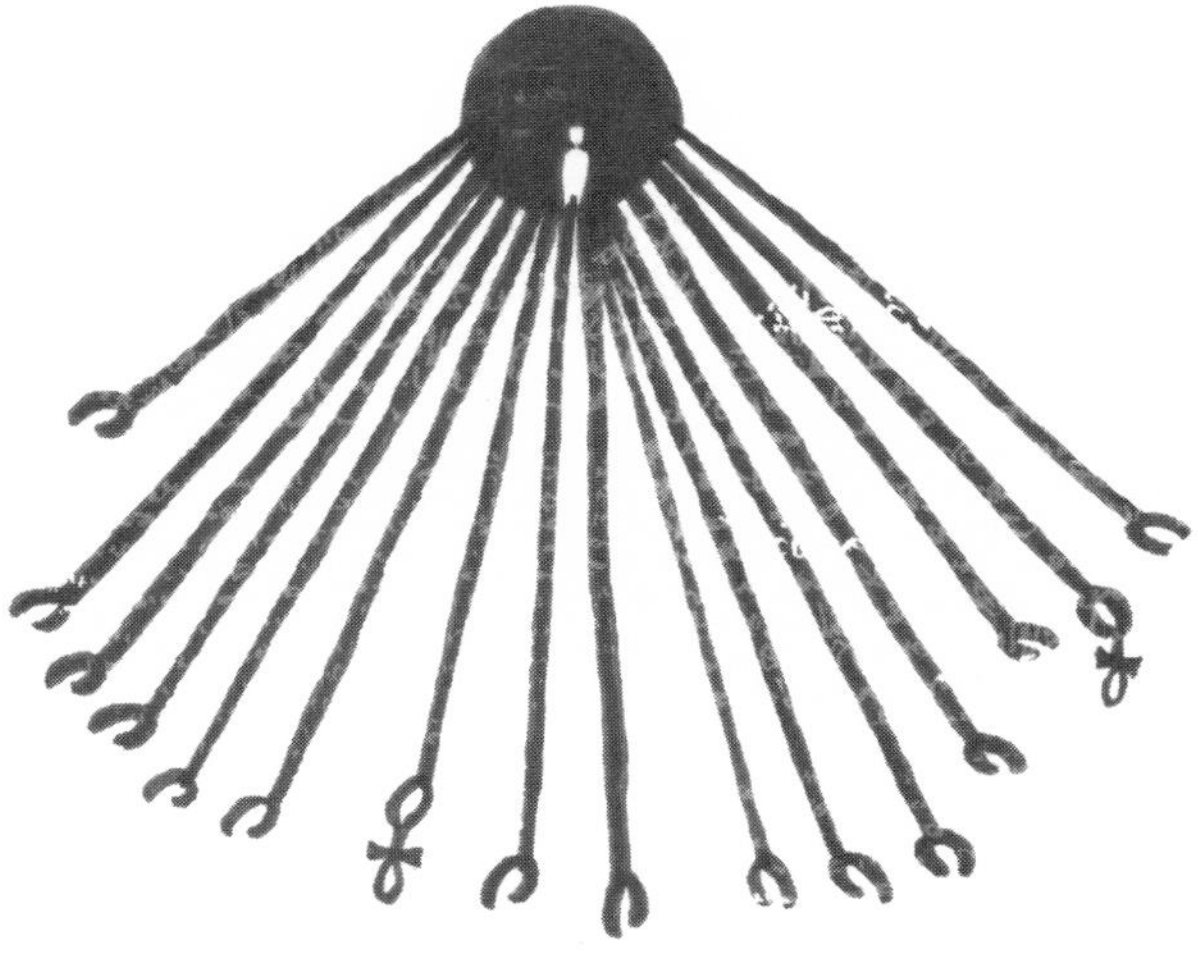

り、エジプトとヌビアの神殿の壁面、墓の壁面、小さなスカラベ形印章《いんしょう》にいたるまで、アメン神の名と図像がある部分は削り取られます。アメン神の彫像も破壊され、ほかの伝統的な神々も迫害されました。

この宗教改革は、エジプトに大きな不利益をもたらしました。

そもそもアテンを唯一の神とするこの信仰は、王とアメン神官団との対立によって生まれたもので、一般の人びとの価値観や信仰心とは関係ありませんでした。多くの神々を崇《あが》め生活してきた人びとには、まったく受け入れられなかったのです。

アテン神への祭祀はアクエンアテン王のみが行い、崇拝も王を介《かい》して行われました。それまでの来世観を認めず、死者の再生復活においてきわめて重要な存在のオシリス神や、「死者の書」にもみられる最後の審判《しんぱん》といった考えを否定したことも、アテン信仰が根づく道が断《た》たれた大きな理由です。

さらに、多くの神殿が閉鎖《へいさ》されたことで、そこで働く人びとは失業したといわれます。大量の供物が集まる神殿は経済組織でもあり、国内の物流にも深く関わっていました。神殿の閉鎖は、経済にも悪影響を与えたとみられます。

西アジアは、助けません

アクエンアテン王の治世12年は、西アジアやヌビア、エーゲ海諸国から使節団《しせつだん》が贈《おく》り物《もの》をもってアケトアテンへやってくるなど最盛期でした。ただ、この年を境《さかい》に統治はうまくいかなくなります。

アクエンアテン王の治世12〜14年ころに、友好関係にあったミッタニがヒッタイトの属国《ぞっこく》となり、さらにエジプトの支配下にあった地域も一部がヒッタイトによって制圧されたのです。

エジプトの勢力圏《せいりょくけん》にあった西アジアの諸侯《しょこう》たちは、エジプトに助けを求めますが、アクエンアテンはわずかな軍隊を派遣《はけん》するのみで、しっかりと応じませんでした。当時のエジプトは、じつはヒッタイトとも外交上の関係があり、積極的に軍事遠征をせず、静《せい》観《かん》したのではないかといわれています。

結局、西アジアにおけるエジプトの信頼は失われ、ヒッタイトの侵攻で領土も奪《うば》われました。

少年王ツタンカーメン

アクエンアテン王の治世末には、その弟あるいは息子といわれるスメンクカーラー王が共同統治者として即位しますが、数年で死去しました。スメンクカーラー王に続いて、ネフェルネフェルウアテン王が共同統治者になります。

ネフェルネフェルウアテン王は、名前の特徴から、女王であったと考えられています。アクエンアテン王の妻ネフェルトイティがネフェルネフェルウアテン女王として共同統治をしたとする説もあります。

アクエンアテン王が亡くなるとアマルナ宗教改革は挫折《ざせつ》し、ネフェルネフェルウアテン女王の単独統治時代には、テーベ西岸のアメン神殿が復興《ふっこう》されました。

数年のあいだネフェルネフェルウアテン女王が単独統治

そのころ、日本では？

およそ3000年前の霞ヶ浦《かすみがうら》沿岸部などでは、海水を煮《に》つめて塩をつくりだすための土器が大量に使われました。これは製塩土器《せいえんどき》と呼ばれ、大量に生産し使い捨てにされるので、文様《もんよう》はまったく施されず粗雑《そざつ》なつくりでした。また、効率よく熱するため土器の厚みは薄《うす》くされました。

を行ったあと、王位についたのは10歳に満たない少年ツタンカーテン（トゥトアンクアテン）でした。

幼いツタンカーテン王に代わって実権をにぎったのは、アクエンアテン王の時代から絶大な力をもっていた宰相アイや、軍司令官のホルエムヘブといった軍人や官僚でした。

彼らによって、まずアケトアテンからメンフィスへと都が移され、王の名前はツタンカーテン（「アテンの生きる似姿《にすがた》」）からツタンカーメン（トゥトアンクアメン「アメンの生きる似姿」）に改められました。

ツタンカーメン王の治世において、アマルナ宗教改革で迫害されていた伝統的な神々の信仰は、本格的に復興されていきます。

アメン神を中心とする多神教世界が復活すると、アテン神は唯一の神ではなく、神々の1柱と捉《とら》えられるようになりました。閉鎖されていた諸神殿では活動が再開し、かつてアクエンアテン王の命令で壊《こわ》された神殿や像も修復《しゅうふく》されています。

アイやホルエムヘブに加え、財務長官のマヤはアクエンアテン王に集中していた富をエジプトじゅうの神殿に分配し、伝統的な神々の信仰復興に拍車《はくしゃ》をかけました。

ラメセス朝のはじまり

ツタンカーメン王は後継ぎを残さず若くしてこの世を去り、テーベにある「王家の谷」の小さな墓に埋葬されました。

この墓は1922年にイギリスのハワード・カーターによって発見され、黄金のマスクをふくむ数々のきらびやかな副葬品が見つかりました。とくに王のミイラ包みのなかには、約150点もの装身具が入れられていました。

さてその後、王位を継承したのは、絶大な権力を誇ったアイでしたが、すでに高齢《こうれい》であったためわずか4年ほどで亡くなりました。アイも息子を残さなかったため、軍司令官ホルエムヘブが王位を継承しました。

ホルエムヘブは、西アジアの領土に侵入したヒッタイトとの戦いを指揮《しき》するなど有力な軍人でしたが、王となってからは行政をたて直すことに努めます。とりわけ、宗教改革後の混乱のなかで、税金を横領《おうりょう》するなどの不正を働いた官僚・軍人をきびしく取り締《し》

まりました。

ホルエムヘブ王は、アメン神を軸《じく》とする伝統的な神々の信仰復興活動を続け、諸神殿を増築しました。各地のアテン神殿を解体し、増築の建材として再利用しました。

ホルエムヘブ王による数々の改革を支えたのは、デルタ出身の軍人であり宰相も務めたパ・ラメセスでした。

息子がいなかったホルエムヘブ王は、パ・ラメセスを後継者に指名しました。そして、ホルエムヘブ王の死後、パ・ラメセスはラメセス1世として王位に就き、第19王朝がはじまります。

第19王朝（紀元前1295〜1186年ころ）と第20王朝（紀元前1186〜1069年ころ）は、ラメセスという名の王が多く即位したため、ひとくくりにラメセス朝と呼ばれます。

アマルナの痕跡を消せ

ラメセス1世は、神殿の造営などを精力的に行いましたが、高齢で即位したため、その治世はわずか2年でした。

王位を継承した息子のセティ1世は、アケトアテンを破壊し、アマルナ時代の痕跡を徹底的に抹消《まっしょう》していきました。異端《いたん》とされた王や信仰の痕跡を消し去ることで、アマルナ宗教改革前の秩序《ちつじょ》回復と、自分が王としてふさわしいことを示したのです。

シリアの領土を奪還《だっかん》するため、セティ1世は海外へ軍事遠征を行い、一時的にシリア南部のアムルとカデシュを取り戻しました。しかし、ふたたびヒッタイトに奪い返されます。

ラメセス2世とカデシュの戦い

セティ1世は、治世末にラメセス王子を共同統治者にし、王位継承を問題なく進めました。そして、ラメセス王子はラメセス2世として即位します。

ラメセス2世は長期にわたって君臨《くんりん》しましたが、その治世のはじめは父の政策を引き継ぎ、ヒッタイトとの戦いに明け暮れました。

また、彼は北のデルタに都市ペルラメセスを建設し、西アジア遠征の拠点としました。

ヒッタイトとエジプト

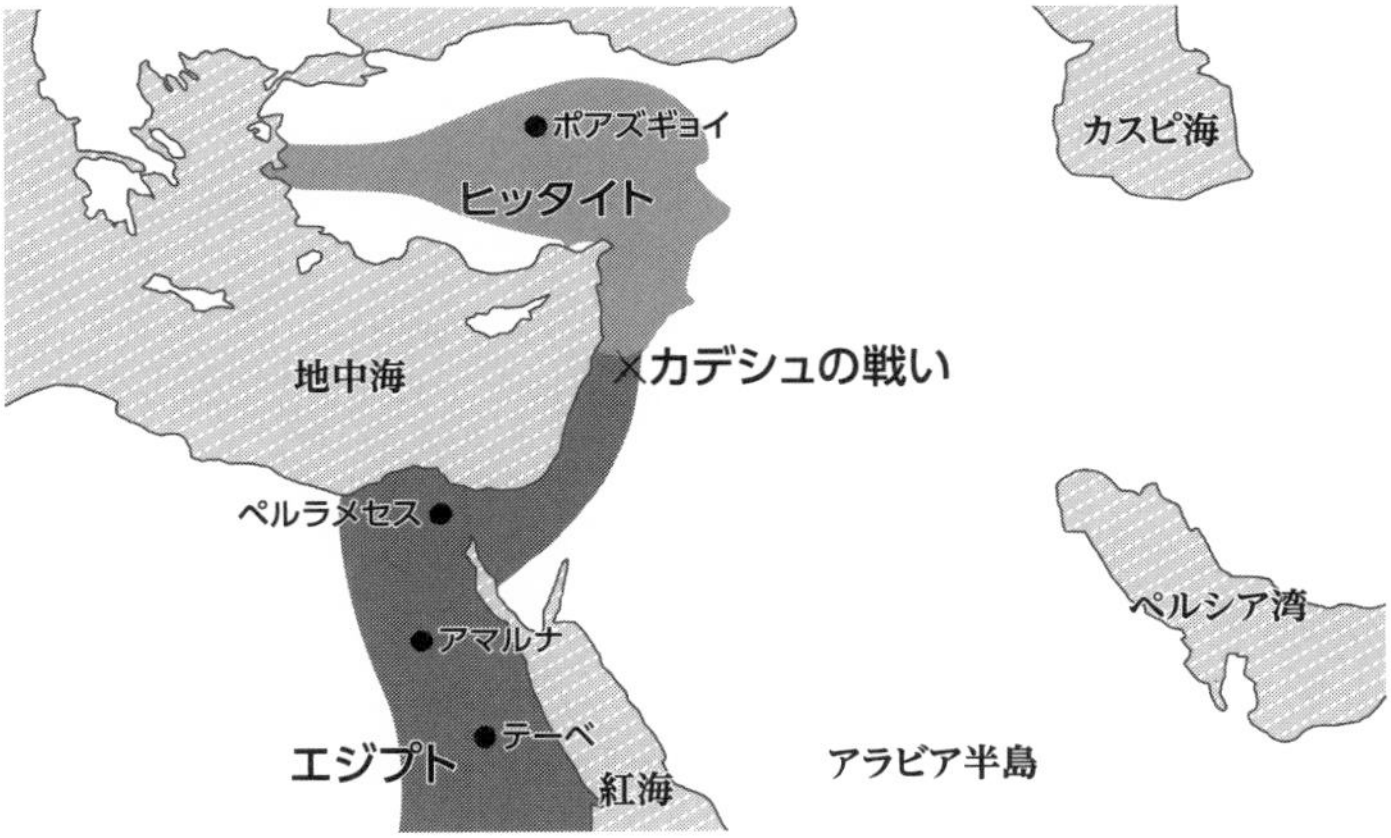

この都市は、第19・20王朝の新たな首都となります。

ラメセス2世は治世4年に初めてシリアに遠征し、再度アムルを奪還します。しかし、直後にヒッタイト王のムワタリ2世がアムルを取り戻そうとしたため、ラメセス2世は治世5年に大規模な軍事遠征をはじめました。

この第2回軍事遠征でラメセス2世とムワタリ2世が争った「カデシュの戦い」の様子は、エジプトの多くの神殿に描かれました。ラメセス2世の武勇伝《ぶゆうでん》のように描かれますが、じつは王の威厳をアピールするためにつくられたもので、実際にはカデシュを征服することなくエジプト軍は敗れています。

その後、北部メソポタミアの強国アッシリアの勢いが増し、ヒッタイトの国境をおびやかしたため、ヒッタイト王ハットゥシリ3世はエジプトに支援を求めます。

ラメセス2世の治世21年、エジプトとヒッタイトは、記録で確認できる世界最古の和平同盟条約を結びます。政略結婚も行われ、ふたりのヒッタイト王女がラメセス2世の王妃に迎えられました。

こうして、西アジア情勢は安定を取り戻します。

「海の民」が侵入

ラメセス2世は、治世62年に90歳という高齢でこの世を去ります。王位を継承した13番目の王子メルエンプタハは、即位したときすでに高齢でした。

メルエンプタハ王は、飢饉に苦しむヒッタイトに食料援助をしましたが、この飢饉はアナトリアの西海岸やエーゲ海の島々に住む人びとにもおよびました。彼らは、船団《せんだん》を組んで移住《いじゅう》を試みます。この集団を「海の民」と呼びます。

メルエンプタハ王の治世5年には、「海の民」がリビア人と連合してデルタ地帯に侵入します。メルエンプタハ王はこれを撃退しました。

メルエンプタハ王の死後、息子のセティ2世が王位を継承しますが、アメンメスという出自不明の人物が王位を奪い取り、数年間統治しました。セティ2世はその後、アメンメスとの内戦に勝利して王権を取り戻します。

セティ2世と側室のあいだに誕生した後継者のシプタハは病弱だったため、セティ2世の正妃だったタウセレトが摂政となりました。

シプタハ王が亡くなると、タウセレトはみずから女王として即位します。そしてこのタウセレト女王の死によって、第19王朝は終わりを迎

えました。

第20王朝と新王国時代の終焉

タウセレト女王の死後まもなくして、セトナクトという人物が第20王朝最初の王として即位しますが、短い治世で終わります。

その息子ラメセス3世の治世5年、デルタ地帯にリビア人が侵入しました。ラメセス3世は彼らを負かし、多くの捕虜《ほりょ》も得ましたが、それでもリビアと諸部族の連合軍はデルタ地帯で攻撃や略奪《りゃくだつ》をくり返しました。

そして治世8年には、「海の民」との戦いが起こります。第19王朝時代に一度撃退された「海の民」でしたが、新たな民族が中心となって、ヒッタイトを滅《ほろ》ぼし、東地中海地域の都市を次々に破壊していたのです。

強力なエジプト軍は、「海の民」をエジプトの国境で撃破しました。このときラメセス3世は、「海の民」をみな殺しにせず傭兵《ようへい》としたり、パレスチナ南部の沿岸地域への植民《しょくみん》を受け入れたりしました。

こうして、「海の民」によって西アジア情勢は大きく変わりました。パレスチナ南部沿岸地域への植民を認めたことで、やがてエジプトと西アジアの交流もうまくいかなくなります。

ラメセス3世の治世末には、農作物が不作で経済が悪化し、各地で官僚の腐敗が進みました。

さらに治世29年には、世界最古の「ストライキ」が起こりました。給与の遅れが長期にわたり、労働者たちは仕事を放棄《ほうき》してトトメス3世の葬祭殿などに座り込んで抗議《こうぎ》したのです。

国内情勢が悪化していくなか、ついにラメセス3世は暗殺されました。その後、ラメセスを名乗る王が8人続きますが（ラメセス4世～11世）、かつての栄華《えいが》を取り戻すことはできませんでした。

そのころ、日本では？

土偶《どぐう》は1万年以上前からつくられはじめ、かたちがしだいに複雑《ふくざつ》になっていきました。たとえば、東北地方では紀元前1000年ころに雪眼鏡《ゆきめがね》（遮光器《しやこうき》）をつけているように見える「遮光器土偶」が登場します。土偶は女性を表現しており、体の一部が欠けていることが多いのが特徴です。

「王家の谷」

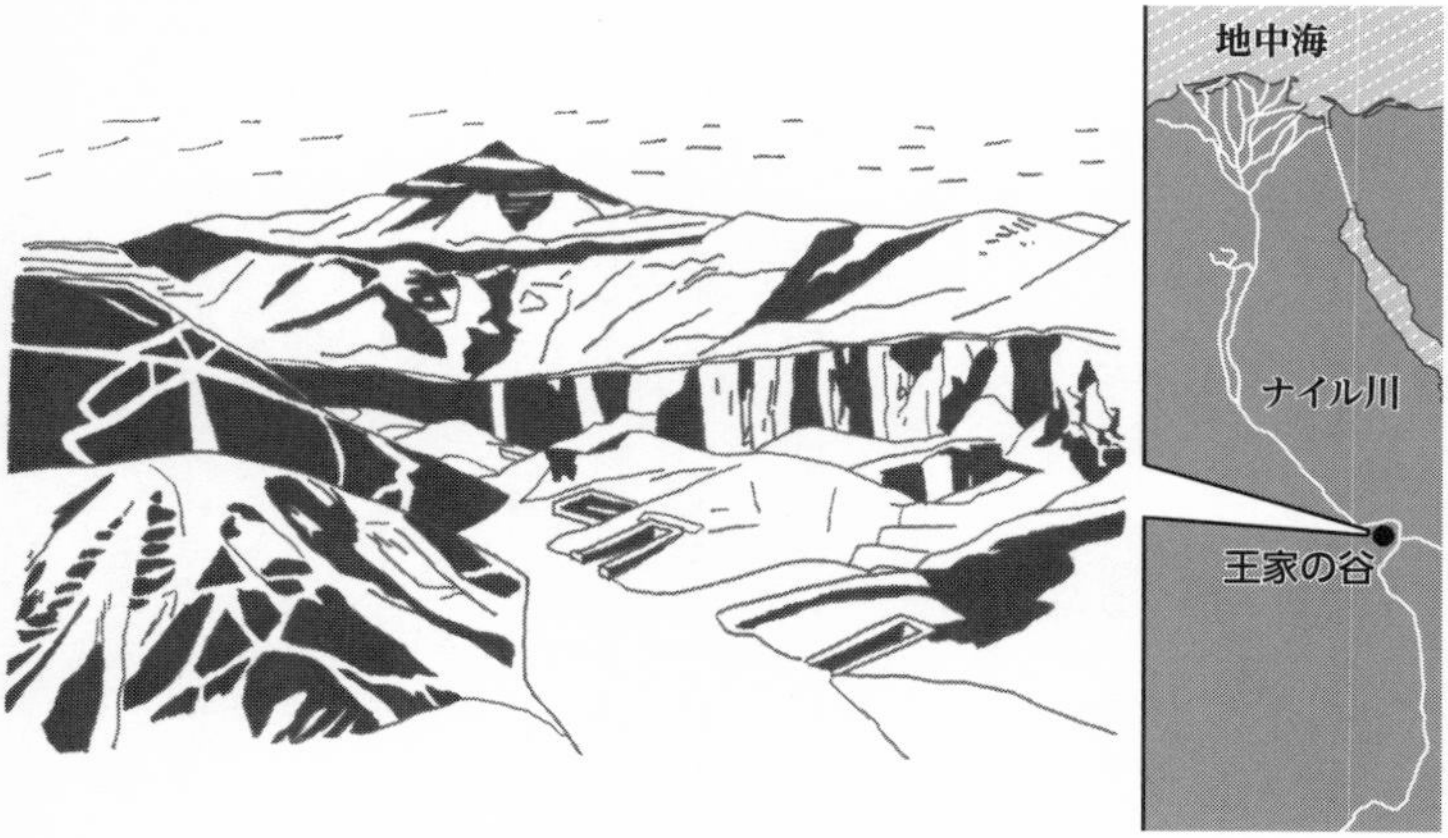

墓泥棒

第20王朝末、エジプト国内は混乱して治安も悪化しました。テーベでは、「王家の谷」の王墓で墓泥棒《はかどろぼう》が横行します。逮捕された者のなかには、王墓をつくっていた職人もいました。

　この王朝最後の王であるラメセス11世の治世には、墓泥棒や葬祭殿荒《あ》らしのほか、リビア人の侵入、飢饉といった事態にみまわれ、治安はますます悪化していきます。

　テーベの秩序を取り戻すため、ラメセス11世はヌビア総督《そうとく》のパネヘシにテーベの支配を命じましたが、やがてパネヘシはアメン神官団と対立していきます。

当時、アメン神殿には広大な耕地や膨大《ぼうだい》な数の家畜《かちく》、多くの町や船団などがありました。こうした莫大《ばくだい》な資産《しさん》を背景《はいけい》に、アメン神官団は大きな力を手に入れていたのです。

アメン神官団と対立したパネヘシは、ついにアメン大司祭《だいしさい》アメンヘテプを追い出します。そして、アメンヘテプがラメセス11世に助けを求めると、ヌビア総督とアメン神官団の内輪《うちわ》もめが激化し、内戦が起こりました。

パネヘシは王に逆《さか》らって中部エジプトの北部まで軍を進めますが、結局は王の軍に敗れます。ヌビアに撤退《てったい》したパネヘシは、そこで一生を終えました。

パネヘシの死後、義理《ぎり》の息子で将軍であるヘリホルがヌビア総督の称号を継承し、アメン大司祭の座に就きました。軍事力と宗教というふたつの後ろ盾《うしろだて》を手に入れたヘリホルは、「再生」を意味する独自の年号「ウヘム・メスウト」を制定し、ラメセス11世の治世19年をそのはじまりとします。

上エジプトに、アメン神の神権国家を樹立したのです。

ひみつコラム

エジプト神話と神々

ナイルが生んだ個性的な神さま

古代エジプトでは、天地創造や王権の成立が神話によって語られ、神々の姿が壁画などあらゆるところに残されています。神々の外見の特徴は、人間の体に動物の頭をもつ場合が多いことで、ナイル川流域に住むさまざまな生き物の姿が反映されました。

オシリス神話では、オシリス神の再生・復活が描かれていて、古代エジプト人の来世観も表しています。地上の支配者としてエジプトを安定に保ったオシリスは妹のイシスと結婚し、ホルスが誕生します。

しかし、優秀な兄に嫉妬《しっと》したセトはオシリスを殺害《さつがい》し、その体を切り刻んでナイル川に投げ捨ててしまいます。

その後、成長したホルスはセトに挑《いど》み、勝利をおさめます。オシリスの体はイシスが拾い集めて復活させますが、息子のホルスに地上の支配者という立ち位置を譲《ゆず》り、オシ

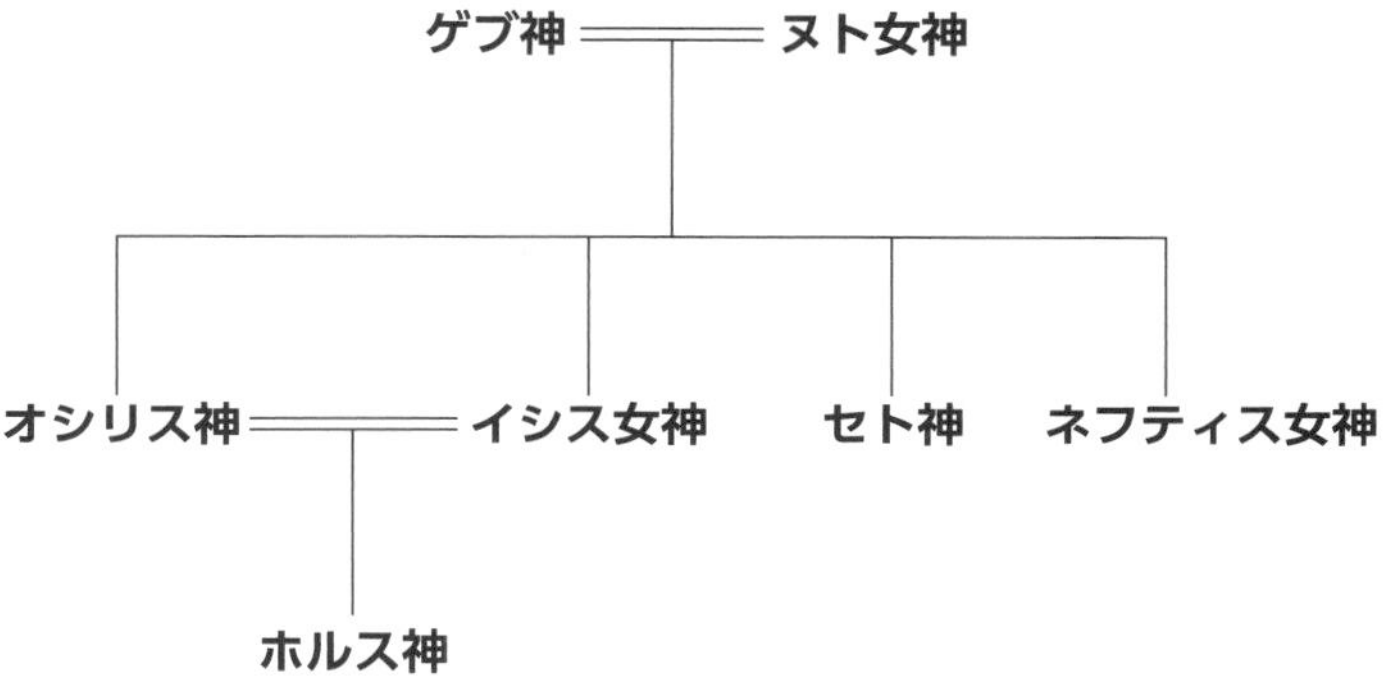

リスは冥界《めいかい》の支配者として君臨することになりました。

　この神話は王権観とも関わっていて、王はオシリスとイシスのあいだに生まれたホルス神と同一視、あるいはその化身とされました。

　古代エジプトでは各家庭で信仰される民間信仰もさかんで、祖先崇拝もしていました。とくに人気が高かった神として、妊娠《にんしん》・出産時の魔除《まよ》けや安産の神ベスが挙げられます。

　新王国時代第18王朝には、アメンヘテプ4世のアマルナ宗教改革によってアテン神の一神教に変えられますが、うまくいきませんでした。その理由のひとつは、民間信仰がさかんだった人びとのあいだに一神教がまったく根づかなかったことでした。

知れば知るほどおもしろいエジプトの偉人❸

世界で最初の考古学者

カエムワセト

Khaemwaset

紀元前 13 世紀

「古代」の記念建造物に興味をもち熱心に修復

新王国時代第19王朝の王ラメセス２世の第４王子として生まれたカエムワセトは、メンフィスのプタハ神の神官を務めました。

カエムワセトは、当時よりもさらに1000年以上も前の「古代」の記念建造物に大きな興味を抱き、熱心に修復していきました。

たとえば、メンフィス近郊のサッカラにある古王国時代第５王朝のウナス王のピラミッド南面には、崩壊しかけていたピラミッドを修復したことが記されたカエムワセトの碑文が刻まれています。

古代の記念建造物を修復し保存しようと試みた点で、カエムワセトは世界で最初の考古学者あるいはエジプト学者であるといえます。

父のラメセス２世が長寿《ちようじゆ》であったため、カエムワセトは王子のまま生涯《しようがい》を終えました。

chapter 4

古代エジプト文明の終焉

南と北に別の支配者が

上エジプトでヘリホルがアメン神権国家を建てたころ、下エジプトでは軍司令官のスメンデスが実権をにぎっていました。ラメセス11世の権威はすでに弱まり、目立つ存在ではなくなっていました。

ラメセス11世が亡くなると、スメンデスが王となり、デルタ地帯のタニスを首都とする第21王朝がはじまります。

一方、アメン神権国家では、パネジェム1世がアメン大司祭を継いで、王を名乗りました。

こうして、ファイユームの近くのアル＝ヒバを境に、上エジプトはアメン神権国家が支配し、下エジプトは第21王朝が支配しました。複数の勢力が並立《へいりつ》する第3中間期のは

じまりです。

第20王朝に墓泥棒が横行した「王家の谷」では、保存・修復が行われていましたが、アメン神権国家が用いた元号《げんごう》ウヘム・メスウト10年になると、アメン大司祭が組織的な盗掘《とうくつ》をはじめました。奪った装飾品などで財源《ざいげん》を確保し、地位や権力を手に入れたのです。

パネジェム1世も例外ではなく、名目上は新王国時代の王たちのミイラを安全な場所へ移すとしながら、実際には墓に納められた高価な品々を略奪したり、再利用したりしました。

パネジェム1世の息子のうちふたりはアメン神権国家の王となり、もうひとりの息子プスセンネス1世は、第21王朝の王位を継承しました。このように、血縁関係にある統治者もおり、アメン神権国家と第21王朝は良好な関係を築いていたのです。

リビア人の王朝

ラメセス朝時代にデルタ地帯に侵入したリビア人は、エジプト軍に敗れたあと傭兵として住み着きました。

第21王朝のころには、リビア人は武力で地位を高め、一大勢力へと成長していました。リビア人部族の首長《しゅちょう》の息子であるオソコル（大オソルコン）は、テーベのアメン大司祭の一族と血縁関係はありませんでしたが、下エジプトの第21王朝第5代目王として即位します。

第21王朝最後の王は、テーベのアメン大司祭でもあったプスセンネス2世でした。彼が即位してもリビア人の台頭は続き、オソコル王の甥《おい》にあたるシェションクがシェションク1世となって王位を継承し、第22王朝を樹立します。

シェションク1世は、息子のイウプウトをテーベのアメン大司祭に就かせ、上エジプトのアメン神権国家を支配下に置きます。ふたたびエジプト全土をひとりの王が統治する時代を復活させようとしたのです。

さらに、シェションク1世はシリア・パレスチナの領土を回復するため、軍事遠征を行いました。その勝利を記念した図像は、テーベにあるカルナクのアメン大神殿の壁面に刻まれています。

なお、第22王朝の中心地はタニスで、王墓もそこにつくられました。

国土がふたたび分裂

シェションク1世は、エジプトの再統一と中央集権の強化を試みるも、かつての栄光を完全に取り戻すことはできませんでした。彼の後継者たちの時代にエジプトはふたたび分裂《ぶんれつ》します。

第22王朝4代目の王オソルコン2世の治世末には、テーベのアメン大司祭タケロト2世が上エジプト王を名乗り、テーベを中心とする第23王朝が登場しました。第22王朝と第23王朝は一時期ならび立ちますが、関係はよくわかっていません。第22王朝の権威は弱まり、やがて姿を消したといわれています。

このあとエジプトでは、各地で自治を主張する王が出現し混乱します。かつて植民地だった南のヌビアでは、アメン神を信仰するクシュ王国が頭角をあらわしました。エジプトの支配下でなくなっても、クシュ王国の王はアメン神を深く信仰していました。

紀元前750年ころ、クシュ王国のカシュタ王はヌビア全域を支配下に置き、さらに

「上下エジプト王」と名乗ってアメン信仰の中心地であるテーベを訪れます。エジプトの混乱状態に乗じて、支配圏を拡大しようと考えていたのです。

王女は「アメン神の妻」

カシュタ王はヌビアへ戻ったものの、息子のピイが第25王朝初代王として即位し、ふたたびエジプトを支配下に置こうと試みます。

ピイ王はテーベの第23王朝と話し合い、自身の姉妹であるアメンイルディス1世を絶大な権力をもつ職「アメン神の妻」に就かせます。テーベの第23王朝では、王女が「アメン神の妻」となり、アメン大司祭にもまさる権力を手にするようになっていました。

クシュ王国は、こうしてテーベのアメン神官団に大きな影響を与え、宗教上の権力も手にしていきます。ピイ王は、はじめテーベの第23王朝と良好な関係を維持していましたが、やがて上エジプトを完全に支配下に置くようになりました。

そのころ下エジプトではテフナクトという人物が台頭し、デルタ地帯西部を支配下に置きました。テフナクトはメンフィスを占拠《せんきょ》し、さらに上エジプト北部に迫ります。

これに対応するため、紀元前７３０年ころ、ピイ王はみずから出陣《しゅつじん》し、テフナクトを撃破します。メンフィスを攻略したピイ王は、プタハ神などメンフィスの神々に供物を捧《ささ》げ、エジプトの王としての戴冠式《たいかんしき》を行いました。

テフナクトと下エジプトの豪族たちはピイ王に降伏し、ピイ王は上下エジプトの統一を成しとげました。

その後ヌビアにある本拠地ナパタへ凱旋《がいせん》したピイ王は、テーベのアメン大神殿をモデルとして、ジェベル・バルカルのアメン神殿を改修・増築しました。また、ピイ王と彼の家族のためにピラミッドも建設しています。

クシュ王家のエジプト再征服

ピイ王が帰国すると、降伏したはずのテフナクトがデルタ地帯で再起し、紀元前７２0年ころに第24王朝を建てます。息子のバーケンレンエフ（ボッコリス）王が勢力を拡大し、メンフィスを首都として下エジプトを支配しました。

ピイ王の後を継いだ弟のシャバカ王は、エジプトに軍を送ってバーケンレンエフ王に勝利します。そして、シャバカ王は本格的なエジプト支配を進めるため、首都をナパタからメンフィスに移しました。

クシュ王家の第25王朝は、エジプト統治の正統性を示すため、神殿に施すテキストや装飾を古王国時代のものに似せました。これを伝統復古といいます。

アッシリアに敗れて王朝崩壊

シャバカ王の後を継いだシャバタカ王は、西アジアで勢力を拡大するアッシリア帝国に対応します。紀元前701年、アッシリアに反乱を起こしたユダ王国を助けるため、息子のタハルカを派遣しますが、アッシリア軍に敗れました。

第25王朝の最盛期は、このタハルカが王位に就いていたあいだでしたが、アッシリアの侵攻からは逃れられませんでした。

紀元前671年、エサルハドン王の率《ひき》いるアッシリア軍にメンフィスを占領《せんりょう》されると、タハルカ王はヌビアのナパタへ敗走《はいそう》しました。

そのあとエサルハドン王は、デルタ地帯西部にあるサイスのネカウ（ネコ）1世などエジプトの地方豪族に自治権を認めると、シリア・パレスチナでの反乱をしずめるためエジプトを去りました。

このあとタハルカやその後継者タヌタマニが、たびたびアッシリアに反旗《はんき》をひるがえすも敗れ、紀元前656年のタヌタマニ王の死をもって第25王朝は終わりを迎えます。

末期王朝時代のはじまり

アッシリアからエジプトの自治を認められたネカウ1世の死後、息子のプサメテク1世が後を継いで、デルタ地帯のサイスに第26王朝（サイス王朝）を建てました。

プサメテク1世は下エジプト全域を制圧し、娘のニトクリスを当時テーベで絶大な権力をもった「アメン神の妻」に就かせて、テーベと上エジプトも支配下におさめました。

エジプト全土を統一する王となったプサメテク1世は、

そのころ、日本では？

年代には諸説ありますが、紀元前10世紀ころに水田稲作が朝鮮半島から九州北部にもたらされたことで、弥生時代がはじまります。福岡市の板付遺跡《いたづけいせき》では、灌漑《かんがい》水路と水田の跡が見つかっており、現在の日本における水田稲作の開始と関わる重要な遺跡として位置づけられます。

国土の防衛を重視し、要塞を建設したり守備隊を駐屯《ちゅうとん》させたりしました。

この第26王朝は、ギリシア人やカリア人（現在のトルコあたりにいた人びと）などの傭兵を重用《ちょうよう》し、地中海交易を活発に行いました。デルタ地帯西部に建設されたギリシア人都市ナウクラティスは交易の中心地となり、住民には特権が与えられました。

また、リビア系の王朝であった第26王朝は、やはりエジプトの伝統文化の正統な継承者としてアピールする必要があり、第25王朝のような復古政策を進めました。

第26王朝と西アジア情勢

西アジアでアッシリアの力が弱まった一方、新バビロニアが存在感を強めていきました。こうしたなか、第26王朝はアッシリアと手を組み、新バビロニアの勢いを止めようとします。

紀元前612年にアッシリアの首都ニネヴェが攻め落とされると、プサメテク1世はシリアに逃《のが》れたアッシリア王を援助《えんじょ》しました。

プサメテク1世の後継者ネカウ2世は、即位後すぐの紀元前609年にアッシリア文

紀元前6世紀はじめころの西アジア

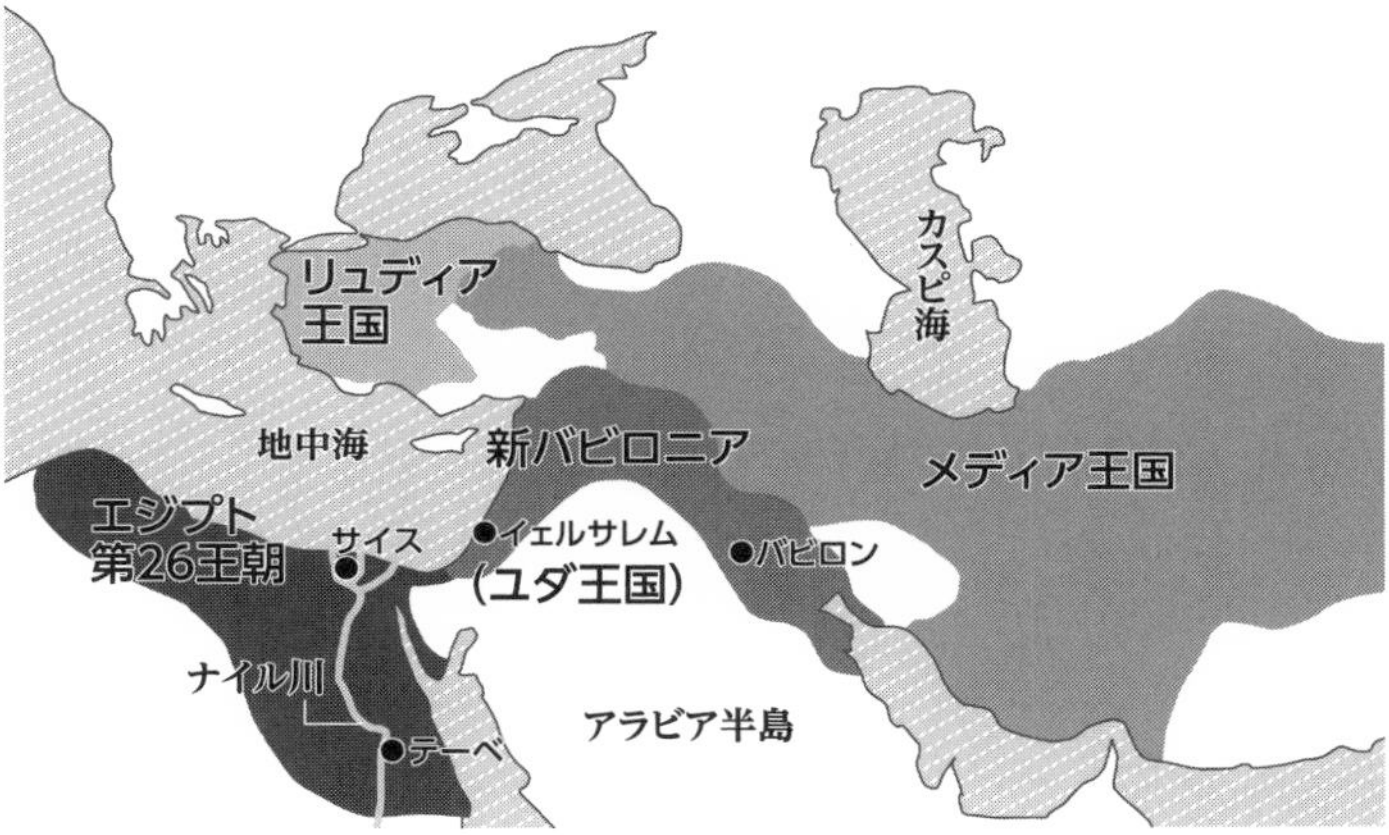

援を建前《たてまえ》としてシリア・パレスチナへ軍事遠征を行い、イスラエルとユダ王国を支配下に置くことに成功しました。

しかし紀元前605年、新バビロニアの王子ネブカドネツァルが率いる軍とカルケミシュで戦ったネカウ2世は完敗し、エジプトに撤退《てったい》します。

また、ネカウ2世は紀元前601年にエジプト侵攻を試みた新バビロニア軍を撃退しますが、結局シリアとパレスチナは新バビロニアの勢力圏におさめられました。

こうして、ネカウ2世による「帝国」の再興《さいこう》は、わずか数年で終わりを迎えることになるのです。

第26王朝の滅亡

ネカウ2世の息子で後を継いだプサメテク2世は新バビロニアに抵抗《ていこう》を続け、パレスチナへの軍事遠征を行います。さらに、南のクシュ王国も勢力下に置くためヌビアまで侵攻しました。父プサメテク2世の後を継いだアプリエス王も、領土を拡大しようと西アジアや地中海方面に遠征しました。

紀元前588年、ユダ王国の首都イェルサレムが新バビロニア軍によって攻撃された際には、アプリエス王みずから戦地に赴《おもむ》きますが、失敗に終わります。

さらに翌年には新バビロニアに大敗し、助けをなくしたイェルサレムは紀元前586年に攻め落とされます。住民はバビロンに囚《とら》われ、ユダ王国は滅びました。

アプリエス王は、ギリシア人の植民都市を脅威《きょうい》に思ったリビア人を助けるために軍事遠征を行いましたが、この戦いでも大敗します。

戦いに勝てないアプリエス王に対して、ついにエジプト兵が反乱を起こします。これをしずめるために、アプリエス王は将軍アマシスを派遣しますが、アマシスは逆に反乱軍のリーダーとなり、王位を奪い取ります。

アプリエスは王位を奪い返そうと戦いますが、やがて戦死しました。

王位を奪って即位したアマシス王はギリシア人女性を妃に迎え、ギリシアと友好な関係を築きました。

アマシス王はこれまでの対外政策を見直し、新バビロニアやリビアのキュレネ、リュディア王国、ギリシアのスパルタなどと同盟を結びます。これは、西アジアや北アフリカをおびやかす存在となっていたアケメネス朝ペルシアに対抗するためでした。

ヘロドトスの『歴史』では、庶民《しょみん》出身のアマシス王は、寛容《かんよう》で国民にも人気があった人物として描かれています。また、各地に神殿を造営し建築活動に注力するなど、44年にもわたる繁栄した治世を送ります。

そのころ、日本では？

灌漑をともなう水田稲作が日本列島で導入され弥生時代がはじまった一方、北海道と南西諸島では独自の異なる文化が育まれました。そして、北海道の海洋的な続縄文文化《ぞくじょうもんぶんか》はのちのアイヌ文化へ、中国大陸や東南アジアと関わった南西諸島の後期貝塚文化は琉球王国《りゅうきゅうおうこく》へとつながります。

しかし、エジプトと同盟関係にあったリュディアと新バビロニアは、ペルシアによって滅ぼされました。

紀元前525年には、エジプトはアマシス王の後を継いだプサメテク3世が統治していましたが、そこにペルシアが攻め入り、メンフィスが攻め落とされます。味方の裏切りもあり、最終的にプサメテク3世は処刑《しょけい》され、第26王朝はついに滅亡しました。

ここからエジプトは、ペルシア帝国の行政区のひとつとなります。

ペルシアによる支配のはじまり

ペルシアの王はエジプトを代理人に支配させ、直接的な統治はしませんでした。この最初のペルシア支配時代は第27王朝とされています。

ヘロドトスは、ペルシアの王カンビュセスをエジプト人の信仰を理解せず、伝統的な宗教も無視した暴君《ぼうくん》として描きました。しかし実際には、カンビュセス王はエジプトの神々を崇め敬《うやま》っただけでなく、それまでの伝統的なエジプト王の称号を採用し、エジプト人の高官を登用するなど、土着のエジプト人たちに配慮《はいりょ》した統治を行いました。

後継者のダレイオス1世もこの政策を引き継ぎ、神殿の建設や改築を行うなど、伝統にしたがうエジプトの王としてふるまいます。

また、ダレイオス1世はナイル川と紅海をつなぐ運河を完成させたほか、ペルシア帝国の属州知事であるサトラップをエジプトに置き、王の代理としました。

エジプト内部からの反発

第27王朝のエジプト支配は、決してエジプトの伝統を無視したようなものではありませんでしたが、それでもエジプト内部からの反発は免《まぬか》れませんでした。

エジプト各地の地方勢力がペルシア支配から脱却《だっきゃく》する機会をうかがっており、カンビュセス王の死後すぐに反乱が起こりました。ダレイオス1世はこれをすぐにしずめますが、次王クセルクセス1世の治世下でもエジプト各地で次々に反乱が起こり、次のアルタクセルクセス1世の時代も混乱が続きます。

そして紀元前404年、第27王朝のアルタクセルクセス2世の治世下において、サイスの豪族アミルタイオスがペルシア支配に対して反乱を起こし、ついに成功します。

アミルタイオスは第28王朝を樹立しますが、この王朝は一代のみで、くわしいことはわかっていません。

クーデター、そしてふたたびペルシアに服従

デルタ地帯東部にあるメンデスの豪族ネフェリテスは、アミルタイオスを追放して、第29王朝の初代王ネフェリテス1世として即位します。ネフェリテス1世は、首都のメンデスだけでなく、上エジプトにおいても建築活動を行いました。

続くアコリス王は、地中海世界にまで迫《せま》ってきたペルシア帝国に対抗し、ギリシアのアテナイ、そしてキプロスと同盟を結びます。キプロスが裏切《うらぎ》りペルシア側と手を結ぶと、アコリス王はアテナイの傭兵隊を用いてペルシア軍の侵攻を退けました。

しかし、次王ネフェリテス2世の時代に、軍人ネクタネボがクーデターを起こし、第29王朝を倒します。そして、第30王朝初代王ネクタネボ1世として即位しました。

ネクタネボ1世は自身が王としてふさわしいことを示すため、エジプト各地で神殿の増改築を行い、伝統的な王としてふるまいました。また、ペルシア帝国からの攻撃に備《そな》

えてデルタ地帯の北東に要塞を建設しています。

後継者のテオス王は、ペルシア王に対抗する外国勢力の反乱を支援し、エジプト軍に加えたくさんのギリシア人兵を雇《やと》ってシリアに遠征しました。ただし、軍事遠征に必要な資金づくりのため、テオス王はエジプト国内で神殿の収入を制限したり、人びとに重《じゅ》税《うぜい》を課したり、貴《き》金属《きんぞく》を没収《ぼっしゅう》したりしました。

その結果、人びとの不満が高まり、これに乗じたテオス王の甥ネクタネボ2世が反逆して、王となりました。

王権の確立を試みたネクタネボ2世でしたが、まもなくペルシアの王がエジプトに侵攻してきます。ネクタネボ2世はこれをぎりぎりのところで撃退しますが、紀元前343年にペルシアの大軍がふたたび攻めてくると、ネクタネボ2世は上エジプトへ逃亡します。そして、そこで約2年のあいだ抵抗を続けますが、結局ペルシアに降伏《こうふく》し第30王朝が終わります。

エジプトはふたたびペルシア帝国の属州《ぞくしゅう》となり（第31王朝）、これ以降、古代エジプトでは外から来た支配者による統治が続いていきます。

アレクサンドロス大王

2度目のペルシア支配は、エジプト各地の神殿が略奪されるなどひどいものでしたが、長くは続きません。紀元前334年にマケドニアのアレクサンドロス大王が東方遠征を開始し、翌年にはイッソスの戦いでペルシアのダレイオス3世の軍を破るのです。

さらに紀元前332年にはシリアを支配下に置き、エジプトにも侵攻してきます。

当時、エジプトの人びとは彼らを苦しめるペルシアの統治から解放してくれる存在としてアレクサンドロス大王を迎えました。そして、アレクサンドロス大王はエジプトの王としてメンフィスで即位し、エジプトはマケドニア王家の支配下に置かれることになります。

アレクサンドロス大王は、デルタ地帯西部に新たな都アレクサンドリアを建設したほ

か、エジプトの伝統的な宗教を重んじて神殿の改築などを行いました。

大王の死と内紛

代理人をエジプトに残してふたたび遠征に向かったアレクサンドロス大王は、またしてもダレイオス3世を負かします。

紀元前330年、ダレイオス3世が謀反《むほん》により殺され、ペルシア帝国は滅亡しました。アレクサンドロス大王はさらに遠征を進めますが、紀元前323年にバビロンで病死しました。

アレクサンドロス大王の死後、内紛《ないふん》が勃発《ぼっぱつ》して大王が残した帝国は複数の有力者たちによって分割されます。そのなかでエジプトを支配することになったのは、アレクサン

そのころ、日本では？

紀元前2世紀〜紀元前1世紀には青銅器《せいどうき》が普及し、墓に多く納められることもありました。弥生時代を代表する青銅器は、吊《つ》るして音を鳴らすいわゆるベルのような銅鐸《どうたく》で、農耕に関わる儀礼に用いられたといわれます。銅鐸はしだいに大型化し、音を出す機能を失っていきます。

ドロス大王の学友かつ戦友のプトレマイオスでした。

プトレマイオスは、アレクサンドロス大王の遺体をアレクサンドリアに埋葬することで後継者としてふさわしいことを示し、エジプト王プトレマイオス1世として即位します。以後はプトレマイオス朝時代（紀元前305～紀元前30年）と呼ばれ、古代エジプト最後の王朝となりました。

プトレマイオス朝時代

プトレマイオス朝はエジプトの伝統的な文化や宗教を守り、各地の神殿で建築活動を行いました。その一方で、多くのギリシア人がエジプトに移り住んで高い社会的地位を手に入れたことで、エジプト社会は大きく変化しました。たとえば、エジプト語に加えてギリシア語が公用語とされ、貨幣が頻繁《ひんぱん》に利用されるようになります。

また、エジプト人とギリシア人の両者に受け入れられる国家神として、エジプトの伝統的な神とギリシアの神が合体したセラピス神の信仰が生まれました。

プトレマイオス朝の最盛期はプトレマイオス1世～3世の治世で、首都アレクサンド

プトレマイオス朝の王家略系図

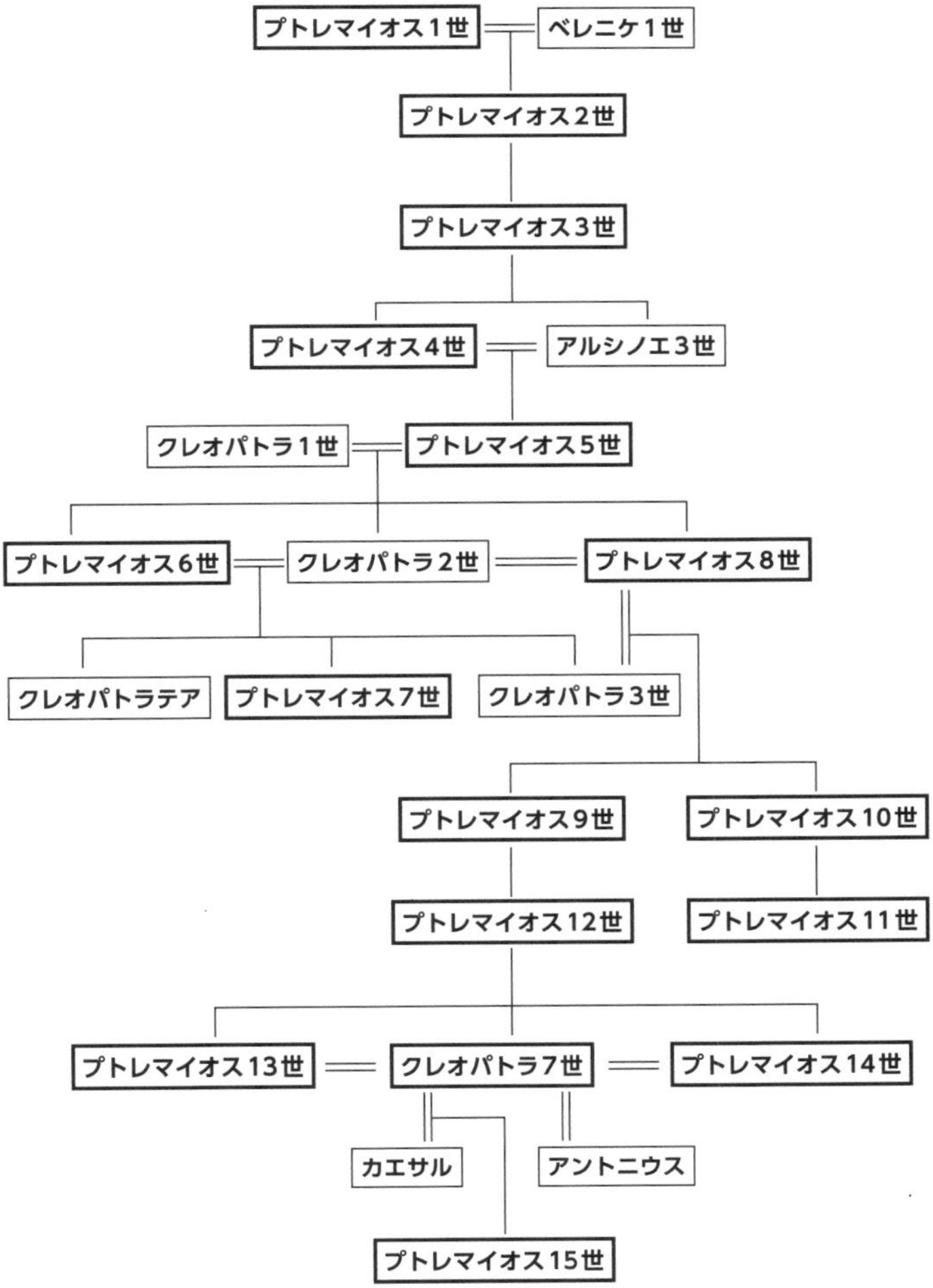

リアは大いに繁栄しました。交易の拠点になったほか、王宮や神殿、学術研究を行うムセイオン、巨大な図書館がつくられ、ヘレニズム文化の中心地となったのです。そして、プトレマイオス3世の時代には、支配領域は巨大なものとなりました。

一方で、社会的地位の高いギリシア系住民に対するエジプト人の不満が募《つの》ります。上エジプトで自立傾向なども見られるようになるなか、シリアが複数回エジプトに侵攻を試みました。プトレマイオス4世は、エジプト人を大量に徴兵《ちょうへい》して撃退しますが、皮肉にもこれによって武力を手にしたエジプト人は独立傾向を強めていくことになります。

やがて上エジプト南部がプトレマイオス朝の支配から脱《だつ》し、デルタ地帯でも反乱が起こりました。

西アジアの領土を失う

こうした状況下でわずか6歳ほどで王位についたプトレマイオス5世は、ふたたび攻め入ってきたシリアの王に敗れ、すべての西アジア領土を失います。

そしてプトレマイオス5世は、シリア王の娘クレオパトラ1世と結婚させられました。

シリアと平和的な関係を築いたプトレマイオス5世は、上エジプトとデルタの反乱をしずめ、ふたたび国土を統一します。

プトレマイオス5世の死後、またしてもシリアとの戦いが起こって社会は混乱し、プトレマイオス6世とその弟プトレマイオス8世が同時に王を名乗り対立します。

当時、地中海世界の強国となっていたローマがここに介入するとシリア軍は撤退し、プトレマイオス6世と8世はエジプトの異なる地域を統治することになりますが、ふたりの対立で生じた内部の争いによって、プトレマイオス朝の力は弱まりました。

ローマに媚を売る王

このころ、地中海世界の中心はローマでした。内紛によって混乱したエジプトはしだいにローマの影響下に置かれるようになります。

王位継承問題などで混乱が続くなか、プトレマイオス12世はローマにエジプト王として認めてもらうことで王座を手にしました。しかし王はローマにへつらい、くり返し貢いだことに加え、素行《そこう》の悪さや重税によってエジプト国民に嫌《きら》われ、軽蔑《けいべつ》されました。

エジプト領だったキプロスがローマに併合《へいごう》されると、アレクサンドリアで暴動《ぼうどう》が起こり、紀元前58年にプトレマイオス12世はローマに逃れます。

ローマで賄賂《わいろ》を使って味方をつくったプトレマイオス12世は、ローマ軍の力を借りて紀元前55年にエジプトへ戻りふたたび王位に就きます。ところが、賄賂で使った借金返済のためローマ人を財務長官につけ画策《かくさく》したため、民衆は再度暴動を起こしました。

女王クレオパトラ登場

プトレマイオス12世が亡くなると、その子どもたちである姉クレオパトラ7世（クレオパトラ女王）と弟プトレマイオス13世が共同統治者として国力回復を試みますが、やがて対立しクレオパトラ7世はパレスチナへ追放されます。

このころローマでも内紛があり、ポンペイウスとカエサル陣営が対立していました。敗れたポンペイウスはアレクサンドリアに逃れましたが、そこでカエサルに気に入られようとしたプトレマイオス13世の廷臣《ていしん》に殺されてしまいます。

しかし、ポンペイウスを追ってアレクサンドリアにやってきたカエサルは怒りました。

対立していたとはいえ、カエサルとポンペイウスはかつて友人関係にあったのです。

この機会を逃すことなく、クレオパトラ7世はすぐさまカエサルと手を結び、プトレマイオス13世側と戦います。クレオパトラ7世とカエサルはこの戦いに勝利し、プトレマイオス13世は戦死しました。

クレオパトラ7世はもうひとりの弟プトレマイオス14世を共同統治者としたうえ、カエサルとのあいだに息子カエサリオンをもうけます。

彼女は、カエサルとともに地中海世界を支配するという野望《やぼう》を抱きました。しかし、カエサルは暗殺されてしまいます。

プトレマイオス朝、終わる

クレオパトラ7世はプトレマイオス14世を殺害し、息子のカエサリオンを新たな共同統治者プトレマイオス15世として即位させました。さらに、クレオパトラ7世は王

朝を存続させるため、ローマの実力者アントニウスと手を組みます。

勢力圏の拡大を試みたクレオパトラ7世とアントニウスでしたが、カエサルの養子としてローマを手中に収めたオクタウィアヌスと対立し、紀元前31年にアクティウムの海戦で敗れました。

ローマ軍に追いつめられたアントニウスは自害《じがい》し、それを追ってクレオパトラ7世もみずから命を絶《た》ちました。息子のプトレマイオス15世カエサリオンもオクタウィアヌスによって殺害され、プトレマイオス朝は滅びます。

古代エジプトの終焉

もはや独立国ではなくなったエジプトはローマの属州のひとつとなりましたが、他のローマ帝国領とはちがい、皇帝の私有地とされました。また、ローマはエジプトを搾取《さくしゅ》の対象とした一方、エジプトの文化や宗教を尊重《そんちょう》し、神殿の増改築などを行いました。

古代エジプトの文化はローマ支配時代（紀元前30～紀元後３９５年）においてもしばらく生き残りました。しかし、1世紀にパレスチナで誕生したキリスト教が4世紀にローマ帝国の国教となると、エジプトの伝統的な文化や宗教は迫害されていきます。

エジプトの神殿は、破壊されたりキリスト教会へと変えられたりしました。古代エジプトの文字ヒエログリフも異教のものとされ、ギリシア文字に基《もと》づいたコプト文字が使われるようになりました。

やがてローマ帝国は東西に分裂し、エジプトはビザンツ帝国（東ローマ帝国）の領土となりました。ビザンツ支配のもとでキリスト教はしだいにエジプトに広まり、アレクサンドリアは、当時のキリスト教世界の中心地のひとつとなりました。

しかし、451年に行われたカルケドン公会議《こうかいぎ》によって、キリストの神性を強調したエジプトのキリスト教徒は異端とされます。その後エジプトのキリスト教徒は、コプト教会と呼ばれる独立した教会組織を形成し、そのもとで独自の一派として活動していくことになります。

紀元後6世紀中ころ、古代エジプトの伝統的な宗教の生き残りであったフィラエ島（アスワン近郊、下ヌビアの島）のイシス神殿がついに閉鎖されました。

こうして、数千年間続いた古代エジプト文明は幕を下ろします。

ひみつコラム

冒険や宝探しではない発掘

考古学的な発掘調査の実態とは

古代エジプトの歴史の復元《ふくげん》には、考古学的な発掘調査《はっくつちょうさ》による成果が大いに役立てられています。遺跡から発見されたものから、当時のさまざまなことがらがわかります。

「発掘」というと、冒険《ぼうけん》や宝探しのイメージをもつかもしれません。しかし実際は、綿密な計画や事前調査、準備のもとで発掘調査は行われます。発掘調査は遺跡を壊してしまうことになるので、その破壊をできる限り最小限に抑えながら、発掘中に得られるあらゆる情報をこと細かに記録していく必要があります。

たとえば、土器が見つかったときには、それがどこからどのような状態で何と一緒に出てきたのかといった情報を詳細《しょうさい》に記録していきます。こうした情報を積み重ねることで、当時の人びとの行動や生活を復元していくことができるのです。

また、発掘をして終わりではなく、発掘後の作業も重要で多岐《たき》にわたります。発掘に

よって見つかった土器などは、多くの場合ばらばらに壊れているので、それらをパズルのようにつなぎ合わせます。
そして、そうしたものを観察・計測しながら「実測図《じっそくず》」と呼ばれる図面を作成します。その際は、つくったときや使ったときの何らかの痕跡が残っていないかをよく観察しながら、図面に反映させていきます。
近年、考古学では伝統的な方法に加え、地中レーダー探査や遺構・遺物の三次元計測などのデジタル技術も用いられています。
考古学においては、通説を一気に覆《くつがえ》らせる大発見よりも、こうした細かい観察と記録によって、慎重《しんちょう》に過去を復元する作業のほうが圧倒的に多いのです。

知れば知るほどおもしろいエジプトの偉人④

ロゼッタ・ストーンに名を残す王

プトレマイオス5世

Ptolemy V

紀元前 210 ～紀元前 180 年

国土を再統一し、みずからを讃える法令を出す

プトレマイオス５世は、父のプトレマイオス４世が急死したため、幼少ながら即位します。このころ王家は、シリアの侵攻や土着のエジプト人の反乱に直面していました。

シリアとの関係を修復し反乱も鎮圧したプトレマイオス５世は、国土をふたたび統一し、王の業績を讃《たた》えて各地の神殿に王像と祠《ほこら》を建てるよう定めた法令を出しました。この法令は石碑に刻まれ、そのひとつが1799年にナポレオンのエジプト遠征中に発見されたロゼッタ・ストーンです。

ロゼッタ・ストーンには、上から古代エジプトの文字ヒエログリフ、紀元前７世紀から使われた筆記体《ひつきたい》のデモティック、ギリシア語という異なる３種類の文字で同じ内容の法令が書かれており、ヒエログリフ解読《かいどく》の重要な鍵《かぎ》となりました。

chapter 5

イスラーム時代

アラブ人が攻めてきた！

7世紀、エジプトをふくむ東地中海・オリエント世界は大きな変貌《へんぼう》をとげます。イスラーム教の預言者《よげんしゃ》ムハンマドは、信仰を説《と》いて信徒《しんと》の共同体をつくり、その武力で他を圧倒してアラビア半島各地のアラブ部族を束《たば》ねました。632年にムハンマドが死去すると、後を継いだカリフ（後継者）たちの号令のもと、大征服《だいせいふく》がはじまります。

636年、アラブ軍はビザンツ帝国皇帝ヘラクレイオス率いる軍をガリラヤ湖南東のヤルムークの戦いで打ち破り、シリアを征服しました。指揮官のひとりアムル・イブン・アル＝アースは、さらにエジプトへと矛先《ほこさき》を向けます。

アムルの軍勢はパレスチナの海岸沿いに進み、639年末にエジプトへ侵入しました。そして現在のカイロ近郊にあったビザンツ帝国の要塞バビロンを攻め、7カ月にわたる攻城戦《こうじょうせん》の末に陥落《かんらく》させます。

続いて、アムルの軍勢はエジプトにおけるビザンツ帝国の拠点であったアレクサンドリアを攻めます。アレクサンドリアの大司教兼総督のキュロスは降伏し、642年にビ

アラブ人の征服地（661年ごろまで）

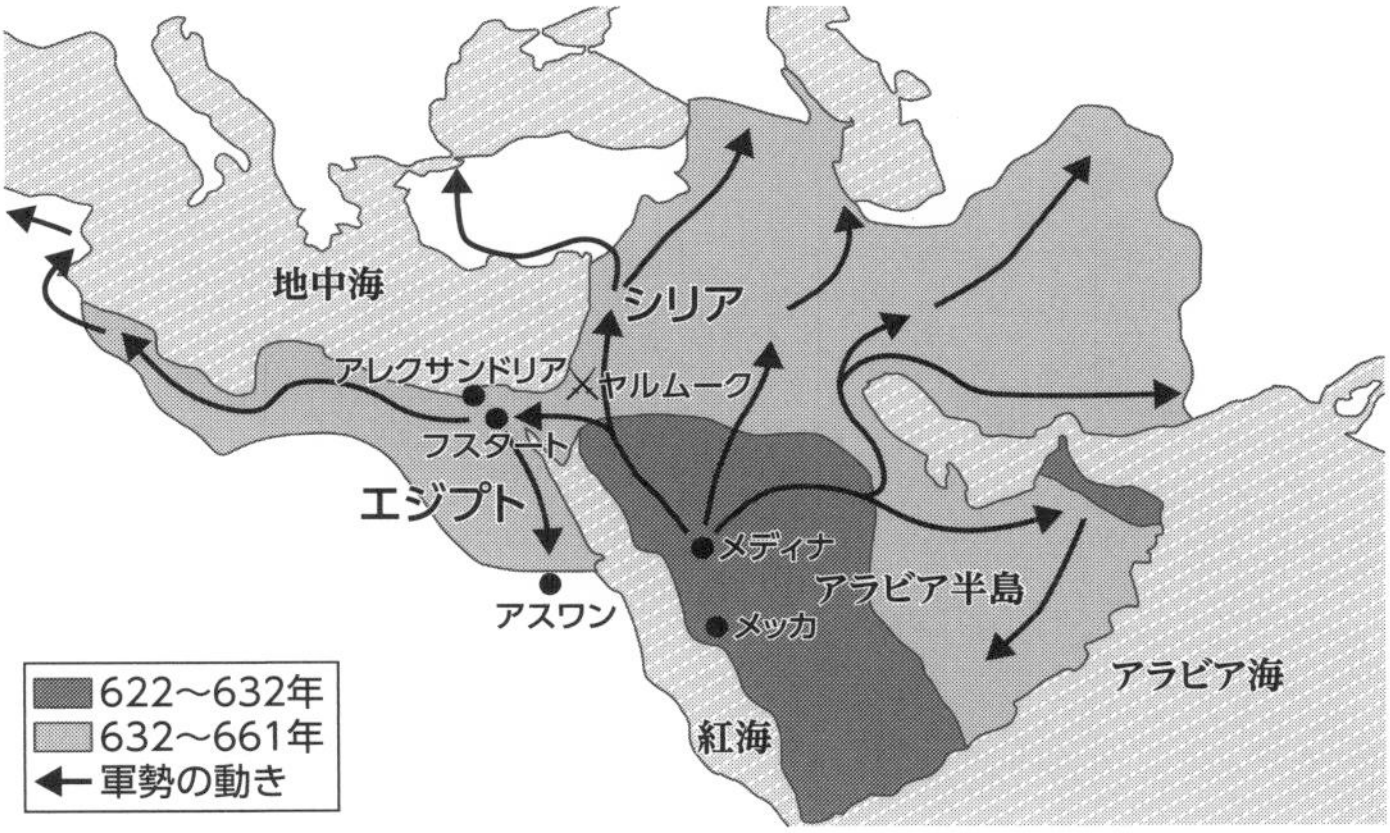

ザンツ軍のエジプト撤退に合意する条約が結ばれました。

アムルは、バビロン攻城戦で宿営地《しゅくえいち》とした場所に、新都フスタート（アラビア語でテントの意味）を建設します。ここにアラブ軍が駐屯し、エジプト支配の拠点となりました。新都にはアフリカ大陸最古のモスク（イスラーム教の礼拝堂《れいはいどう》）が建てられました。アムルの名前にちなみ、「アムル・モスク」と呼ばれ、現在も残っています。

イスラーム教って？

イスラーム教は、中東で生まれたユダヤ教、キリスト教という一神教の系譜から生まれました。一神教の神は、人間や世界のすべてをつくった唯一絶対《ゆいいつぜったい》の存在で、日本のように、いろいろな性格の神々が大勢《おおぜい》いるという思想とは大きく異なります。唯一神は、万物《ばんぶつ》の創造主《そうぞうしゅ》であり、人間にルールを授《さず》けます。ルールに従うという契約《けいやく》を結んだ人間を、来世において救済《きゅうさい》してくれる存在です。

なお、神が授けるルールを記したものを啓典《けいてん》といい、ルールを授かって神と人間との間を取り持つ人を預言者といいます。

イスラーム教から見て、ユダヤ教とキリスト教は、同じ唯一神から啓典を与えられた、先輩《せんぱい》にあたります。モーセやイエスといったユダヤ教・キリスト教の重要人物はイスラーム教にとっても預言者であり、彼らが授けられた十戒《じっかい》や福音書《ふくいんしょ》は啓典です。

しかし、のちに人の手が加わって啓典が神の正しい教えから離れてしまったため、神は最後の預言者としてムハンマドを遣《つか》わし、啓典クルアーン（コーラン）を授けたと、イスラーム教徒は考えています。

イスラーム国家では、キリスト教徒やユダヤ教徒は、人頭税《じんとうぜい》（ジズヤ）を支払う代わりに、みずからの信仰を守ることと生命・財産の安全が保証される、「庇護民《ひごみん》（ズィンミー）」として扱われました。

属州エジプト

ムハンマドの後を継いだ最初の４人のカリフは「正統《せいとう》カリフ」と呼ばれ、ムハンマドの直弟子のなかから、信徒たちの合意によって選ばれていました。

ところが、ムハンマドの従弟《いとこ》で娘婿《むすめむこ》でもあった４代目カリフのアリーの時代、内戦が起こりました。

６６１年にアリーが暗殺されると、アラブの名門ウマイヤ家のムアーウィヤがカリフとなります。以後、ウマイヤ家はカリフの地位を代々継承しました。これをウマイヤ朝と呼びます。

ウマイヤ朝の支配は80年ほど続きますが、預言者ムハンマドの叔父《おじ》アッバースを祖とするアッバース家が、打倒ウ

そのころ、日本では？

8世紀には仏教が普及して僧《そう》が増え、正しい戒律《かいりつ》を授けるため、唐《とう》の高僧である鑑真《がんじん》が招かれました。鑑真は暴風や海賊《かいぞく》のため5回も航海《こうかい》に失敗したうえ、失明しましたが、754年にようやく日本に到着《とうちゃく》すると、奈良の東大寺などで多くの僧を指導し、唐招提寺《とうしょうだいじ》を創建《そうけん》しました。

正統カリフ

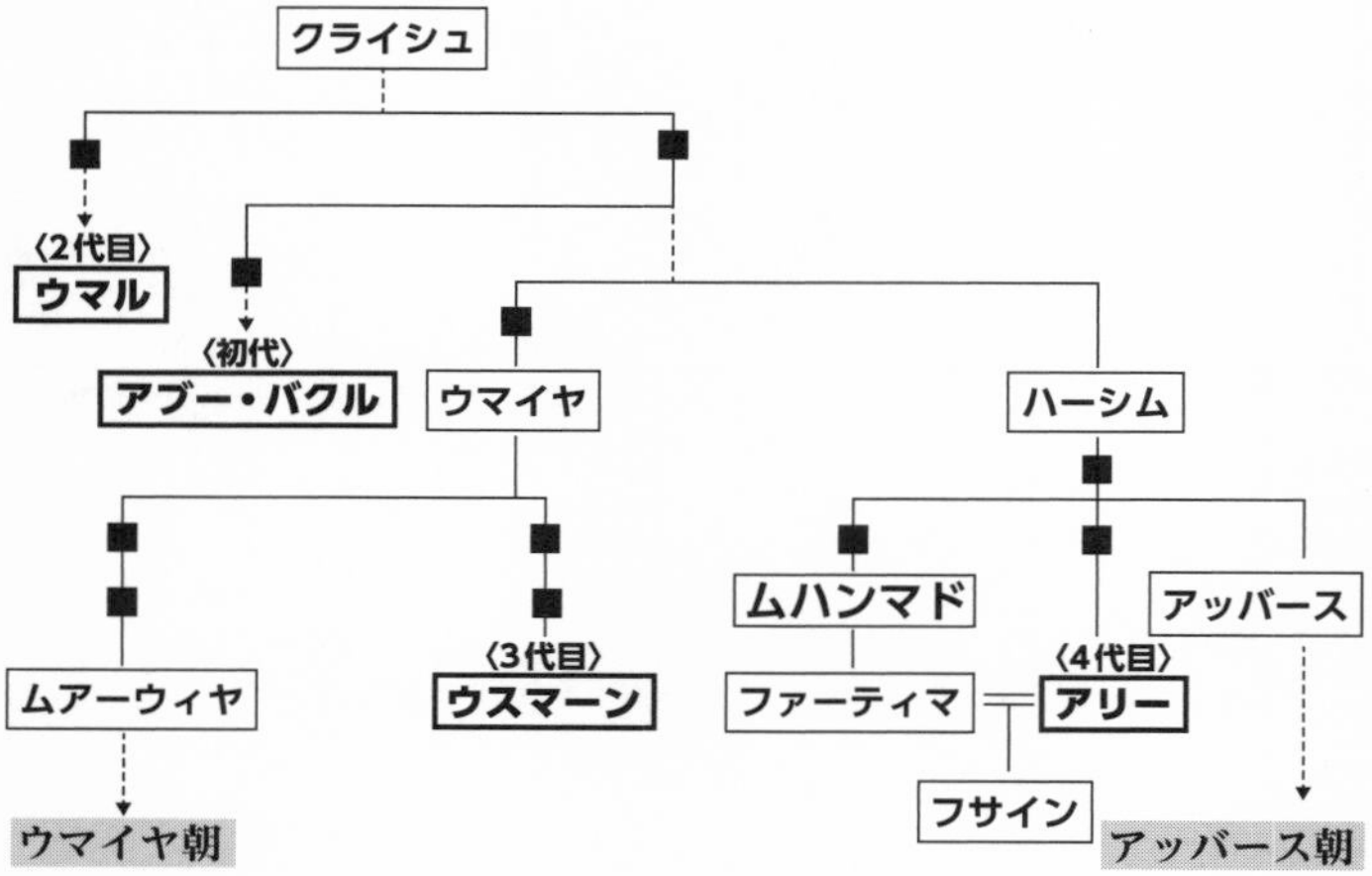

マイヤ朝に乗り出します。

７５０年、ウマイヤ朝が滅び、アッバース朝が成立して以後、５００年以上にわたってアッバース家からカリフが選ばれました。

正統カリフからウマイヤ朝・アッバース朝の時代にかけて、イスラーム国家の支配領域は拡大し、西は北アフリカ・イベリア半島、東はインダス川下流域におよびました。

エジプトは広大なイスラーム国家の属州のひとつであり、カリフが派遣した総督が統治しました。

ナイル川のおかげで小麦の生産力に恵《めぐ》

まれたエジプトは、税収《ぜいしゅう》も多く財源として重視されました。

アラブ化、そしてイスラーム化

エジプトは、アラブ人のイスラーム国家に支配されることになりました。しかし、ただちにすべてのエジプト人がイスラーム教徒となったわけでも、アラビア語を話すようになったわけでもありません。

当初、アラブの支配者たちは支配を効率的に進めるため、ビザンツ帝国の支配体制を温存《おんぞん》しました。ギリシア人や土着のエジプト人の官僚が引き続き用いられ、ギリシア語やコプト語が行政上も使われていました。

コプト・キリスト教徒が多数を占めていたエジプトの人びとは、イスラーム教への改《かい》宗《しゅう》を強制されませんでした。

ところが8世紀のはじめ、公用語がギリシア語・コプト語からアラビア語に切り替えられ、コプト語はしだいに衰退しました。代わって、アラビア語が日常言語として浸透《しんとう》します。アラブ人がエジプトへ移住していたことも、言語の変化に拍車《はくしゃ》をかけました。

9世紀には、ズィンミーに特別な服装を強《し》いる、コプト・キリスト教徒に対する税金の値上げなどの政策によって、イスラーム教への改宗も大きく進んだとみられています。

トゥールーン朝の独立

9世紀半ば以降、アッバース朝では政治が混乱したり、カリフ権力の弱体化が進んだりして、中央集権体制にほころびが生じます。

首都バグダードから離れた遠方の属州では、有力者が総督の地位を力で奪い、それをカリフに認めさせました。総督の地位は有力者の一族が継承し、事実上の独立王朝が樹立されるのです。

この動きは、エジプトにも波及《はきゅう》しました。トルコ人で構成されたカリフ親衛隊のひとりアフマド・イブン・トゥールーンは、868年にエジプト総督となったトルコ人の将軍の代官《だいかん》として、エジプトに赴きました。

当時は、バグダードの中央政府の有力者がエジプト総督に任命されていましたが、彼らは代官を派遣して、業務にあたらせていたのです。

トゥールーン朝の支配地（868〜905年）

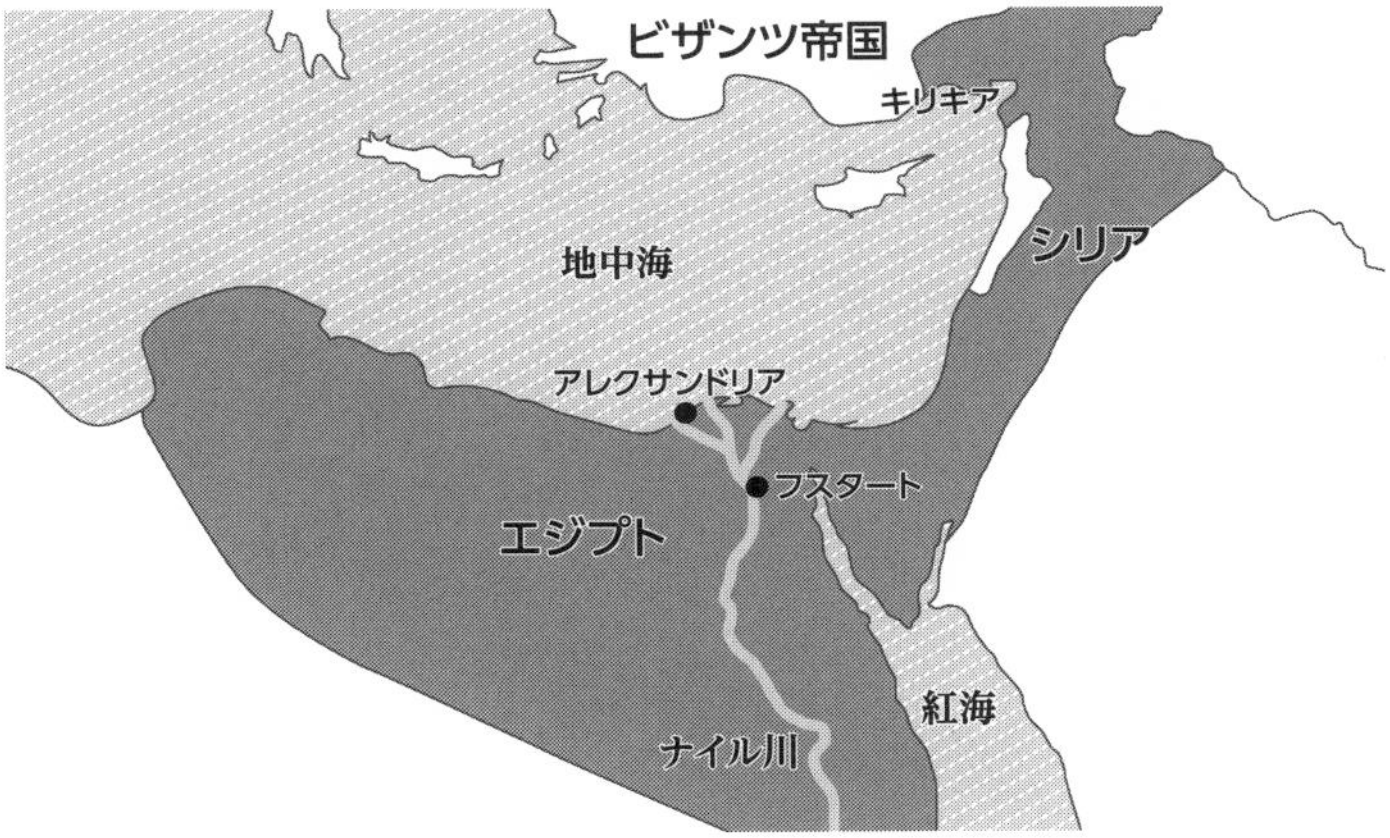

エジプトに赴任《ふにん》したアフマドは、影響力を徐々に伸ばして実権を掌握《しょうあく》し、イスラーム国家の支配下となって以来、初のエジプトにおける独立王朝を樹立します。これが、トゥールーン朝です。

アフマドはエジプト国外にも勢力を伸ばし、シリアやキリキア地方の支配権もカリフに認めさせました。

８８４年にアフマドが死去すると、カリフ政権はエジプト・シリアの回復をはかり、エジプトに軍をさし向けますが、アフマドの息子フマーラワイヒに敗れました。

以後、フマーラワイヒはカリフに貢ぎ物を納めることで、エジプト・シリアとその周辺地域の支配権を認められました。

西からの脅威

10世紀になると、イスラーム世界では、シーア派の政治勢力が各地で勢いを増し、活発な宣教活動《せんきょうかつどう》や反乱をくり広げました。

シーア派とは、第4代カリフ・アリーの子孫が指導者になるべきだと考える一派で、多数派のスンナ派とは思想的に対立していました。

スンナ派は、預言者ムハンマドの慣行《かんこう》（スンナ）を重視し、政治的には、正統カリフからアッバース朝にいたる歴代のカリフたちを正式なものと認めます。対するシーア派は、アリー以外の過去と現在の現実のカリフたちを認めない立場をとりました。

10世紀にシーア派は反アッバース朝活動をくり広げました。そのうちの一派が、909年にチュニジアで政権を樹立します。その指導者アブドゥッラー・マフディーは、自身がアリーとムハンマドの娘ファーティマとのあいだに生まれた子の直系子孫であると主張し、カリフを名乗りました。これがファーティマ朝です。

ファーティマ朝はアッバース朝カリフに対抗し、みずからがイスラーム世界を統《す》べる存在となるべく、東方への進出をはかりました。そのためにまず手にしなければならない場所が、エジプトでした。

エジプトでは、896年にフマーラワイヒが死去するとトゥールーン朝は衰え、905年にはふたたびアッバース朝が統治権を回復していました。しかし、ファーティマ朝の軍事的圧力が増すなかで、トゥールーン朝出身の軍人ムハンマド・イブン・トゥグジュをエジプト総督に任じることで、これに対抗しようとしました。

935年、ムハンマド・イブン・トゥグジュはファーティマ朝の軍勢を撃退し、アッバース朝カリフの期待にみごと応《こた》えました。その功績《こうせき》により、彼はイフシードという古い王侯の称号を与えられ、エジプトの全権を掌握してイフシード朝を樹立します。

イフシード朝はトゥールーン朝と同様にシリアに進出し、独立政権としての立場を強化しますが、ムハンマド・イブン・トゥグジュの死後はその後継者は力を失い、黒人宦《かん》官《がん》（去勢《きょせい》された男性の役人）が実権をにぎるなど、しだいに衰えます。

勝利者＝カイロ

ファーティマ朝で953年に即位した4代目カリフ・ムイッズは、領土の拡大をめざしました。

西方では将軍ジャウハルの指揮のもと、マグリブ（北アフリカ）全域を支配下に入れます。さらにムイッズは、東方にもジャウハルの軍勢をさし向け、969年、ついにエジプトを征服しました。

ジャウハルはフスタートの北方約3キロの場所に新たな都市を建設し、アラビア語で勝利者を意味する「カーヒラ」と名づけました。このカーヒラの英語読みが、カイロです。以後は「カイロ」で説明していきます。

カイロに建設されたアズハル・モスクには、学院（マドラサ）が併設《へいせつ》され、シーア派教学の中心として発展し、宣教員《せんきょういん》も養成《ようせい》されました。ファーティマ朝はアッバース朝を滅ぼしてイスラーム世界唯一のカリフとなることを目的としており、自分たちの主張を広める宣教員を各地に派遣しました。

973年、ムイッズはカイロに居《きょ》を移し、エジプトを王朝の本拠地とします。

以後、ファーティマ朝はエジプトを拠点に、軍事力で領土を拡張するのみならず、宣教員の活動により各地に支持勢力を増やしていきました。

シリアの南半分を直接の支配下に組みこみ、周辺の諸王朝もアッバース朝ではなくファーティマ朝カリフの権威を受け入れました。イスラーム教の聖地であるメッカとメディナを統治する者たちも、ファーティマ朝カリフの宗主権を認めました。

こうしてファーティマ朝は、10世紀を通じて繁栄を謳歌《おうか》することになったのです。

西へ、西へ

1038年、トルコ人の部族集団を母体《ぼたい》としたセルジューク朝が、イラン北東部のニーシャープールで成立しました。その後セルジューク朝はイラン全土を席巻《せっけん》して領土を拡張し、1055年にはバグダードに入城《にゅうじょう》しました。

セルジューク朝の創始者トゥグリル・ベクは、アッバース朝カリフから「スルタン」の称号を与えられ、その支配権を認められました。以後、「スルタン」がイスラーム世界の君主の称号として使われるようになります。

セルジューク朝はスンナ派の保護者を自任《じにん》し、シーア派のファーティマ朝に対する敵対姿勢を強めて、イラク、シリア、アナトリアと勢力を拡大していきます。こうして、シリアにおけるファーティマ朝の覇権《はけん》は失われました。

11世紀の末にセルジューク朝3代目スルタン、マリク・シャーが死去すると、スルタン位をめぐってセルジューク朝は分裂し、各地に独立政権が乱立しました。その混乱のさなか、西ヨーロッパから十字軍が到来《とうらい》します。

十字軍、来たる

セルジューク朝の猛攻《もうこう》により領土を次々と失っていったビザンツ帝国は、1095年、ローマ教皇ウルバヌス2世に援軍を要請《ようせい》します。

ウルバヌス2世は、これをキリスト教の聖地イェルサレムを異教徒であるイスラーム教徒の手から解放するための戦いであると宣伝し、諸侯に十字軍への参加を呼びかけました。

これに応えたヨーロッパ各地の諸侯は、軍を率いて東へ向かい、1096年にビザンツ帝国の首都コンスタンティノープルに集結《しゅうけつ》しました。

そして1097年に陸路シリアに入り、各地の都市を征服しながら南下《なんか》し、1099年7月についにイェルサレム

そのころ、日本では？

源氏の武将の源 義家《みなもとのよしいえ》は、東北地方の豪族の紛争である後三年《ごさんねん》の役《えき》で名を挙げ、東国武士のリーダー格となりました。さらに、国司《こくし》としての功績を認められ、1098年に白河法皇《しらかわほうおう》から御所《ごしょ》の殿上《てんじょう》へ入ること（昇殿《しょうでん》）を許《ゆる》されます。義家の子孫から鎌倉幕府を開いた源頼朝《よりとも》が登場します。

4つの十字軍国家

を征服したのです。

こうした一連の征服活動の結果、シリア沿岸部にはイェルサレム王国、アンティオキア公国、トリポリ伯領《はくりょう》、エデッサ伯領という、４つの十字軍国家が成立しました。

これらの十字軍国家は、シリア各地のセルジューク朝系の地方独立政権とときに戦い、ときに同盟を結びながら、おのおの領土の獲得と勢力の拡大に努めていきます。

ファーティマ朝は、シリア内陸部の領土をセルジューク朝に奪われたあとも、沿岸部の複数の海港都市を保持《ほじ》していました。しかしこれも、ジェノヴァやヴェネチアなどのイタリア海洋都市国家の支援を受けた十字軍により、次々と奪われていきました。

エジプトは誰の手に？

セルジューク朝の将軍であったイマード・アッディーン・ザンギーは、北イラクのモースルで1127年に実権をにぎり、ザンギー朝を興《おこ》しました。

翌年、彼はシリア北部の中心都市アレッポに進出し、以後シリアにおいて活発な軍事活動を進めます。異教徒に対するジハード（聖戦《せいせん》）を合言葉《あいことば》に、実際には十字軍国家のみならずイスラーム教徒の地方政権とも戦いながら、領土を拡大していきました。1144年には十字軍国家のひとつ、エデッサ伯領を滅ぼします。

1146年にザンギーが不慮《ふりょ》の死をとげると、息子のヌール・アッディーンが父の後を継ぎました。彼は1154年までにはシリア各地のほかのセルジューク朝系諸政権を平定《へいてい》して、十字軍国家の領土を除くシリア全土を統一します。

こうしてザンギー朝が拡大をみせるなか、十字軍国家の盟主であるイェルサレム王国は、南のエジプトのファーティマ朝への関心を強め、進出の機会をうかがいます。

ザンギー朝がエジプトにまで進出すれば、イェルサレム王国は東と南から敵に囲まれることになるからです。

エジプト進出の機会を先にとらえたのは、ザンギー朝でした。1163年、エジプトでの政争《せいそう》に敗れたファーティマ朝の元宰相シャーワルがシリアに亡命してきたのです。ヌール・アッディーンはこれを機《き》に、シャーワルを支援する形で軍をエジプトに派遣します。イェルサレム王国も負けじとエジプトに軍を送り、ザンギー朝軍と争いました。

英雄サラディン

ヌール・アッディーンが派遣したエジプト遠征軍の司令官は、シールクーフというクルド人の将軍でした。彼と兄のアイユーブは、イラク北部ティクリートの出身で、その後モースルに移ってヌール・アッディーンの父ザンギーに仕えました。そのアイユーブの息子で、シールクーフの甥にあたるのが、対十字軍の英雄として今なお世界中でその名を知られるサラディン（サラーフ・アッディーン）です。

シールクーフは3度にわたりエジプトへ遠征し、イェルサレム王国軍とそれと結んだファーティマ朝の軍勢と戦いをくり広げました。そして1169年、シールクーフはついにカイロ入城をはたします。カイロに入ったシールクーフは、みずからがファーティマ朝の宰相となり、エジプトの実質的な支配者となりました。

しかし、シールクーフは在任《ざいにん》わずか2カ月で急死してしまいます。彼の後を継いで宰相の座に就いたのは、シールクーフとともにエジプト遠征軍に参加していた、甥のサラディンでした。

サラディンは宰相としてエジプトの実権をにぎり、アイユーブ朝が成立します。ファーティマ朝カリフは殺されることはなかったものの、政治に介入することはなく、1171年に宮殿の奥でひっそりと死去します。

サラディンは、ファーティマ朝のシーア派政策を転換《てんかん》し、エジプトにスンナ派の国家体制を確立します。アッバース朝カリフに忠誠《ちゅうせい》を誓《ちか》い、スンナ派の学問を教えるための学院を複数、カイロとフスタートに建設しました。

また彼は、新たな支配の拠点として、カイロとフスタートの中間にあるムカッタムの丘に「山の城塞《じょうさい》（カルア・アル゠ジャバル）」と呼ばれる王城を建設しました。以後、近代にいたるまで、ここがエジプトの支配者の居城《きょじょう》となります。

サラディンの大勝利

サラディンがエジプトで独立の姿勢を強めたことで、主君ヌール・アッディーンとのあいだに軋轢《あつれき》が生まれました。ところが両者の対立が決定的になる直前、1174年にヌール・アッディーンは死去し、まだ若く政治の経験も浅い息子が後を継ぎます。サラディンは、君主の交代で動揺するシリアに進出し、ザンギー朝の領土を徐々に併合していきました。こうして1186年までに、サラディンはザンギー朝のシリア領土を併合し、エジプト・シリアにまたがる一大勢力を築き上げたのです。そして満を持し、十字軍国家への攻勢に乗り出します。

1187年、サラディンは十字軍国家の総力をあげた連合軍を、パレスチナのガリラヤ湖西方のヒッティーンの戦いで打ち破り、大勝利を収めました。その勢いのままイェルサレムを奪還し、十字軍国家の領土を次々と征服したのです。

サラディンはその後、イェルサレム奪還のためにやってきた第3回十字軍と激戦《げきせん》をくり広げたのち、1192年にイングランド王リチャード1世と停戦協定を結びます。その翌年、すべての使命をはたしたかのように、シリアのダマスカスで死去しました。

要塞マンスーラ

サラディンの死後、彼の王国は息子をはじめとするアイユーブ家の一族のあいだで分割されました。エジプトのスルタンを盟主《めいしゅ》としつつ、シリア各地のアイユーブ家の領主たちが自身の領土を治め、継承していく、分権的な体制をとったのです。

エジプトの支配権は、当初はサラディンの息子のひとりに引き継がれましたが、最終的にサラディンの弟アーディルが支配権をにぎり、カリフによって承認されました。以後エジプトのスルタンは、アーディルの子孫が継承します。

一方で1213年、ときのローマ教皇インノケンティウス3世はイェルサレム奪還のため、十字軍を召集《しょうしゅう》し、これにハンガリー王、オーストリア公、ブルゴーニュ公、バイエルン大公らヨーロッパ各地の諸侯が参加しました。

彼らはアイユーブ朝の本拠地エジプトに狙《ねら》いを定めて進攻を開始し、1219年に地中海沿岸の要衝《ようしょう》ダミエッタを占領します。

当時、エジプトではアーディルの子カーミルが後を継いでいました。カーミルは十字軍を撃退するため軍を率いて北上し、カイロの北130キロメートルのナイル川流域に、要塞を建設しました。

1221年8月、要塞攻略のために陣を敷《し》いた十字軍に対し、カーミルはナイル川の堤防に穴をあけて水浸《みずびた》しにするという作戦に打って出ます。泥流《でいりゅう》にまみれた十字軍は進退に窮《きゅう》し、撤退に追いこまれました。

この勝利ののち、要塞はアラビア語で「勝利」を意味するマンスーラと呼ばれることになったのです。

マンスーラの攻防

1249年6月、フランス王ルイ9世が率いる新たな十字軍が、ダミエッタをふたたび占領しました。当時のエジプトのスルタンは、カーミルの息子サーリフでした。サーリフもまた十字軍を迎えうつべく軍を進め、マンスーラに籠城《ろうじょう》します。

しかし、ここでエジプト軍に重大な危機が発生しました。11月、サーリフが病に倒れ、帰らぬ人となってしまうのです。サーリフの唯一の息子である後継者候補のトゥーラーン・シャーは、当時、イラク北部の要塞の城守として赴任しており、エジプトに戻るにも何週間もかかってしまいます。エジプト軍は君主のいない状態で、敵軍と対峙《たいじ》しなければならなくなったのです。

このような危機的な状況で、王妃シャジャル・アッドゥッルが積極的に立ち回り、軍をまとめ上げました。

シャジャル・アッドゥッルとはアラビア語で「真珠《しんじゅ》の樹《き》」を意味します。彼女はもともとバグダードのアッバース朝カリフがサーリフに贈ったトルコ人の女奴隷でしたが、サーリフの子を産んだことで奴隷身分から解放され、王妃となりました。

ふたりのあいだに生まれた子は幼くして亡くなりますが、サーリフはシャジャルを変わらず王妃として寵愛《ちょうあい》し、このときも十字軍との戦いの最前線まで帯同《たいどう》していました。

シャジャルは、夫の死をごくわずかの者たちを除いて隠し、サーリフの名前で命令書を出し続けました。そのあいだにトゥーラーン・シャーを至急《しきゅう》エジプトに呼び戻すため、密使《みっし》を彼のもとに派遣したのです。

しかし、秘密《ひみつ》は漏《も》れてしまいました。1250年2月、サーリフ死去の噂《うわさ》を耳にした十字軍は、夜陰《やいん》にまぎれてナイル川を渡《わた》り、マンスーラのエジプト軍に奇襲《きしゅう》をかけます。虚《きょ》を突かれたエジプト軍は大混乱におちいり、総司令官も風呂に入っていたところを襲《おそ》われ戦死しました。

マムルーク軍団、大活躍

絶体絶命の危機において、サーリフの親衛隊だったマムルーク軍団が活躍します。マムルークとは軍人奴隷、つまり軍人にすることを目的に集められた奴隷たちのことです。9世紀より、アッバース朝カリフをふくむ各地のイスラーム政権の君主や貴族たちは、マムルーク軍団を組織して軍隊の柱としていました。

マムルークとされたのは、中央ユーラシアの草原地帯で遊牧《ゆうぼく》生活を営み、騎馬《きば》技術にすぐれ、弓の扱いにも長《た》けたトルコ人たちでした。

イスラーム世界の君主たちは、騎馬兵士としての資質《ししつ》が高い若いトルコ人を奴隷として購入《こうにゅう》し、イスラーム教徒に改宗させました。そして数年にわたってアラビア語教育や軍事訓練を施したうえで、奴隷身分から解放し、軍隊に組み入れたのです。

サーリフは、かねてよりマムルーク軍団の拡充《かくじゅう》に力を入れていました。このマムルーク軍団がマンスーラに攻めこんできた十字軍に反転攻勢《はんてんこうせい》をかけ、これを撃退することに成功したのです。

さらにエジプト軍は、ダミエッタへ撤退しようとする十字軍に追い打ちをかけ、総大将のルイ9世を捕虜とします。

マムルーク軍団の活躍が、敗色濃厚《はいしょくのうこう》であったエジプト軍に起死回生《きしかいせい》の大勝利をもたらしたのです。

前代未聞の女性スルタン

マンスーラの戦いの直後、トゥーラーン・シャーはエジプト軍のもとに到着し、ここでスルタンに即位します。ところが、彼は勝利の立役者であったマムルーク軍団やシャジャル・アッドゥッルに対して冷淡《れいたん》にふるまい、自分が連《つ》れてきた家臣を優遇《ゆうぐう》したのです。

腹を立てたマムルーク軍団は、1250年5月、トゥーラーン・シャーに対するクーデターを起こし、彼を殺してしまいます。そしてシャジャル・アッドゥッルをスルタンとして即位させました。前代未聞《ぜんだいみもん》の女性スルタンの登場です。エジプトに新たな政権、マムルーク朝が誕生しました。

しかし、シリア各地のアイユーブ家の諸侯は、エジプトのマムルークたちの政権を認めず、エジプトへの侵攻をくわだてます。バグダードのアッバース朝カリフも、女性のスルタン即位に不快感を示しました。

そこでマムルークたちは、同じマムルークの将軍で、シャジャル・アッドゥッルを軍司令官として支えたアイバクを、あらためてスルタンに選出しました。アイバクはシャジャルと結婚して、スルタンとしての正統性を主張しました。そして1251年、エジプトに侵攻してきたアイユーブ家の諸侯の連合軍を撃退し、エジプトにおける支配権を確立したのです。

マムルーク朝では、マムルークが軍の中核《ちゅうかく》を担い、そのなかで有力な人物が要職《ようしょく》を占め、王朝を動かしました。

13世紀から14世紀においては、おもに黒海《こっかい》北岸のキプチャク平原のトルコ系キプチャク人が、14世紀後半以降は黒海東岸のカフカス地方のチェルケス人が、奴隷としてエジプトに連れてこられて、マムルークとなりました。

約270年のマムルーク朝時代を通じて、49人がスルタンとなりますが、そのうち23人が元奴隷のマムルークでした。残りの26人のほとんどはその息子や孫で、彼らの治世

そのころ、日本では？

僧の日蓮《にちれん》は比叡山延暦寺《ひえいざんえんりやくじ》で修行したのち、1253年に独自に日蓮宗を創始《そうし》し、「法華経《ほけきよう》」の理念による国家運営を唱《とな》える『立正安国論《りつしようあんこくろん》』を著《あらわ》します。幕府や他宗派をきびしく批判したため危険人物とみなされ、伊豆や佐渡へ流罪《るざい》にされましたが、その後も布教活動を続けました。

の多くは、マムルークの将軍たちが実権をにぎりました。

迫りくるモンゴル

1206年、チンギス・ハンがモンゴル高原を統一すると、その後中国北部や中央アジアに軍を進め、勢力を急激に拡大していったのです。

このモンゴル帝国が、イスラーム世界の中心部である西アジアへの本格的な侵攻をはじめるのが、4代目皇帝モンケの時代です。1254年、モンケの弟フラグを総大将《そうだいしょう》とするモンゴル軍が、中央アジアからイラン高原をまたたくまに制圧しました。さらにフラグは軍を西へ進め、1258年にはバグダードを征服、破壊し、カリフを惨殺《ざんさつ》して、アッバース朝を滅ぼしたのです。

政治的な実権はすでに失われていたとはいえ、全イスラーム世界の指導者として君臨したアッバース朝が滅んだことは、各地のイスラーム教徒たちに大きな衝撃《しょうげき》と恐怖を与えました。イラクやシリア、アナトリアの地方政権はこぞってフラグに服従し、その傘下《さんか》に入りました。

フラグ率いるモンゴル軍の侵攻はとどまることを知りません。1260年1月、ユーフラテス川を渡ってシリア北部の要衝アレッポを征服し、シリア南部を経てエジプトへの侵攻をうかがいます。

モンゴルを撃退

このころエジプトでは、アイバクはすでに亡く、彼のマムルークであったクトゥズがスルタンとなっていました。クトゥズは降伏を勧《すす》めるモンゴルの使者を切り捨て、恐怖に震《ふる》える軍隊を叱咤《しった》激励《げきれい》して、モンゴル軍を迎えうつべく、シリアに向けて進発《しんぱつ》します。

この間《かん》、エジプト軍に幸運が舞《ま》いこみます。モンゴル皇帝モンケが1259年に死去し、その後継者選出のため、フラグが軍の大部分を率いて東へ引き返したのです。シリアに残るモンゴル軍は、その後もダマスカスを征服し、各地を荒らしまわりますが、その数は大幅に減りました。

1260年9月3日、ガリラヤ湖近くのアイン・ジャールートで、両軍が激突しました。激戦の末にエジプト軍はモンゴル軍を撃破します。モンゴル軍の多数は戦場に屍《しかばね》をさらし、総大将も討《う》ち取られ、その首はカイロの市門にさらされました。こうしてモンゴル軍はシリアの地から一掃《いっそう》されました。

これまで奴隷上がりの支配者としてうさんくさく見られていたエジプトのマムルークたちは、モンゴルの脅威を退けた聖戦の戦士として、喝采《かっさい》を浴びました。

風雲児バイバルス

アイン・ジャールートの戦いでの勝利のあと、エジプトへ戻る途上にクトゥズは暗殺されました。首謀者《しゅぼうしゃ》は、クトゥズのライバルであったマムルークの将軍、バイバルスです。バイバルスは軍隊の支持を得て、スルタンとなりました。

アイン・ジャールートの戦いで勝利したとはいえ、モンゴルの脅威は続いていました。フラグは、モンケの後継者をめぐるモンゴル帝国内部の争いから距離《きょり》を置き、征服したイランで自立します。これがイル・ハン国です。

イル・ハン国は引き続きシリア・エジプトを虎視《こし》眈々《たんたん》と狙い、十字軍と結んでマムルーク朝を挟みうちにしようと画策します。

スルタンとなったバイバルスは、みずから軍を率いて文字どおり東奔西走《とうほんせいそう》します。東ではイル・ハン国軍のたび重なる侵攻を撃退し、西では十字軍国家の領土を次々と征服していきました。

バイバルスは内政にも力を注ぎました。アッバース朝カリフの末裔《まつえい》をカイロに招いて新たなカリフに担《かつ》ぎ上げ、カリフの保護者としてマムルーク朝政権の正統性を内外に示しました。また、アイン・ジャールートの戦いの勝利によってマムルーク朝の領土に加わったシリアの統治体制を固め、王朝の諸制度を整《ととの》えました。

バイバルスは1277年、アナトリアでイル・ハン国軍を破りました。シリアに戻った直後に急死しますが、彼が礎《いしずえ》を築いたマムルーク朝は、その後240年にわたってイスラーム世界の雄《ゆう》として君臨するのです。

カイロの繁栄

マムルーク朝時代、エジプトは地中海世界とインド洋世界を結ぶ国際交易の中継地《ちゅうけいち》として栄《さか》えました。とくに、インド西海岸や東南アジアで取れる胡椒《こしょう》などの香辛料《こうしんりょう》は、ヨーロッパ人がみんなほしがり、高値《たかね》で取引されました。

インド洋の季節風（モンスーン）を利用して海路《かいろ》で運ばれてきた物産は、紅海を経由してエジプトに集まりました。ヨーロッパ商人は、アレクサンドリアにおいてこれらの物産を買い求めたのです。

首都カイロは、ファーティマ朝が最初に建設した市壁の外に大幅に拡張しました。この時代、カイロの人口は15万〜20万人に達《たつ》したといわれます。これは同時期のパリ（8万人）やロンドン（6万人）をはるかに超える規模《きぼ》でした。

カイロ中心部は、遠方からの商人が宿泊《しゅくはく》し商品をさばくための隊商宿《たいしょうやど》が軒《のき》を連ね、扱う商品ごとに区分けされた常設《じょうせつ》の市場が集中する、一大商業センターとして栄えました。

また、スルタンやマムルークの高官が建設した学院や修道場《しゅうどうじょう》が市壁の内外に立ち並び、イスラーム世界各地から学者や学生が集まる、学術都市としても発展しました。

カイロを中心にイスラームの学問・思想・文化・芸術も栄え、コプト・キリスト教徒のイスラーム教への改宗も進みました。エジプトのコプト・キリスト教徒の割合が、現在の人口比率と同じ、10パーセント程度まで低下するのが、14世紀といわれています。

ペストで人口激減

しかし14世紀の半ば以降、マムルーク朝は政治的混乱や天災により、しだいに衰退します。

とくに、1348年から翌年にかけてエジプトではペストが大流行し、人口の3分の1が犠牲《ぎせい》になりました。

ペストはその後も定期的に流行し、そのたびにエジプトの都市と農村は大損害《だいそんがい》をこうむりました。

カイロでは熟練《じゅくれん》の職工《しょっこう》の数が大幅に減って手工業が停滞《ていたい》し、農村では人手が不足して灌漑設備を維持できず、耕作地が縮小し生産力が低下しました。

経済が衰退したことで税収も不足し、マムルークへの給料の支払いが遅れました。マムルーク軍団はしばしば暴動を起こし、政情も不安定になっていきます。

15世紀を通じて、マムルーク朝はこうした経済的衰退のなかで四苦八苦しながら体制をなんとか維持し、財政の立て直しに努めていきます。

北と南からの圧迫

15世紀の後半になると、マムルーク朝を取り巻く国際状況がきびしさを増していきます。北方では、オスマン帝国がアナトリアとバルカン半島で勢力を伸ばし、1453年にはビザンツ帝国の首都コンスタンティノープルを征服します。

オスマン帝国の勢力拡大により、それまでマムルーク朝に従属していたシリア北部からアナトリア南東部のトルコ系の地方政権は存亡《そんぼう》の危機に立たされます。マムルーク朝とオスマン帝国は、この地の覇権《はけん》をめぐり、熾烈《しれつ》な争いをくり広げました。

エジプトの南では、インド洋の豊かな物産を直接手に入れようと、1498年にポルトガルが、アフリカ大陸の南端《なんたん》を回ってインド洋へ出る航路を開拓します。時代はまさに大航海時代を迎えていました。

ポルトガルはインドに拠点を築いて、インド洋貿易に直接参入します。さらにポルトガルは、インド洋を行き交うイスラーム教徒の商船を攻撃し、紅海への侵入を試みるなど、それまで国際交易を中継していたエジプトにとって代わろうとしたのです。

国際交易による収入は、財政難にあえぐマムルーク朝にとって頼《たの》みの綱《つな》であり、ポルトガルの動きは死活問題でした。マムルーク朝は艦船《かんせん》を建造してインド洋に派遣し、ポルトガル艦隊《かんたい》を駆逐《くちく》しようと試みますが、失敗に終わりました。

この時代、陸戦においても海戦においても、大砲《たいほう》や小銃《しょうじゅう》といった火器の役割が非常に重要になっていました。騎馬兵士として腕を磨《みが》いてきたマムルークたちは、戦場での優位性を失っていくのです。

火器を導入するにしても、火薬の原材料である硝石《しょうせき》や硫黄《いおう》のほか、砲身《ほうしん》をつくるのに必要な錫《すず》などは、エジプトではほとんど産出《さんしゅつ》しません。必要な物

新旧の交易ルート

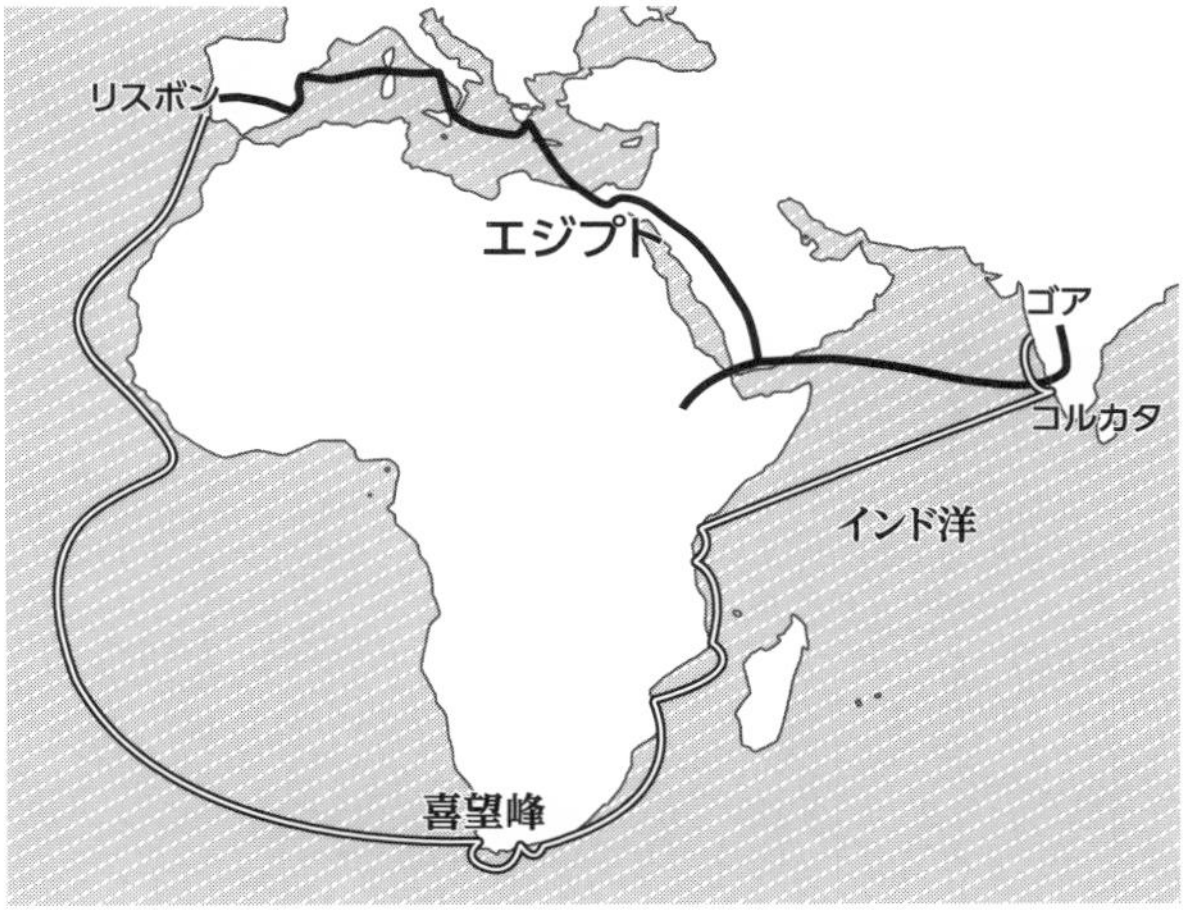

資も技術者も外国に頼《たよ》らざるを得ず、財政はますます苦しくなりました。

マムルーク朝、ついに滅亡

１５１６年、オスマン帝国スルタン・セリム１世は大軍を率いてシリアへ向かって南下します。マムルーク朝スルタン・ガウリーもまたこれを迎えうつべく、アレッポまで出征《しゅっせい》しました。

同年8月、アレッポから北に30キロほどの平原、マルジュ・ダービクにて両軍は激突しました。マムルーク朝軍は、一軍を率いたアレッポ総督の寝返《ねがえ》りもあって壊滅し、ガウリー自身も戦死しました。

オスマン軍はシリアを征服するとさらに南下して、エジプトへ向かいます。エジプトではガウリーの甥トゥーマーンバーイ2世がスルタンとなり、最後の抵抗を試みます。

１５１７年1月、トゥーマーンバーイ2世は、カイロ郊外《こうがい》のライダーニーヤでオスマン軍を迎えうちます。

しかしマムルーク朝軍は、奮戦《ふんせん》およばず敗れました。トゥーマーンバーイ2世は逃れて抵抗を続けるも、最終的には捕らえられ、カイロの城門で絞首刑《こうしゅけい》にされます。こうしてマムルーク朝は滅び、エジプトはオスマン帝国の支配下に入りました。

オスマン帝国の支配

オスマン帝国による征服後、エジプトは属州として統治されることになりました。軍人の総督のほか、財務長官や法官といった主要な官吏《かんり》が、本国から派遣されました。彼らはエジプトとは縁もゆかりもない外来者で、数年の短い任期で去っていきます。

それまでエジプトを支配していたマムルークたちは、当初は迫害されたもののその後ゆるされ、オスマン軍に編入《へんにゅう》されました。彼らは帝国のエジプト支配に協力し、農村部の地方長官などを務めました。そしてそれまでと変わらず、マムルークたちを購入し、軍人として養成し続けたのです。

17世紀になると、マムルークがふたたびエジプトの政治の表舞台《おもてぶたい》に立つようになります。マムルークたちはベイと呼ばれる高級軍人の地位に就き、エジプト州政府の要職を占めました。他方、本国から派遣されてくる州総督の実権は失われていくのです。

ひみつコラム

エジプトの料理

主食はパン、米やパスタも

エジプト料理では、ナイル川流域で栽培された小麦、米、なす、きゅうり、オリーブ、タマネギ、ニンニク、豆類、トマトなどが使われます。

日常的に食卓《しょくたく》に上るのは、アエーシという中が空洞《くうどう》になっている円形の平べったいパンです。これを半分に切り、そら豆のコロッケや野菜などの具材をつめて食べます。

パンだけでなく米もよく食べられており、国民食ともいえるコシャリは、ひよこ豆やレンズ豆といっしょに炊《た》いた米に炒《いた》めたパスタを混ぜ、トマトソースをかける料理です。

肉料理は鶏《にわとり》や牛、羊がメインです。トルコ料理で有名な肉の串焼《くしや》きのケバブはエジプトにもあり、肉をつくねのように棒状《ぼうじょう》に固めて焼いたコフタもよく食べられています。

地中海に面するデルタ地帯は海産物も豊富で、焼いたりフライにしたりした魚やエビも、食卓にならびます。

食卓に並ぶエジプト料理

エジプトならではの食材といえば、緑黄色野菜のモロヘイヤが有名でしょう。葉を細かくきざんでニンニクなどと煮込《にこ》み、粘《ねば》り気《け》の強いスープにすることが多いです。

モロヘイヤを刻む専用の包《ほう》丁《ちょう》もあり、にぎる部分が根元と先端の両方についているのが特徴です。鳩《はと》のローストもよく知られていますが、現在は日常的に食べる機会が少ない高級食材です。

また、エジプトで代表的な飲み物はシャイ（紅茶）で、砂《さ》糖《とう》を大量に入れて飲むのが一般的です。

知れば知るほどおもしろいエジプトの偉人❺

中世を詳細に記録した歴史家

マクリーズィー

المقريزي

1364 ～ 1442 年

社会や経済問題にも着目

マムルーク朝の時代に活躍したマクリーズィーは、中世の中東を代表する歴史学者です。

青年期はチュニス出身の高名な学者であるイブン・ハルドゥーンの教えを受け、政府の公文書係《こうぶんしよかかり》や、カイロの市場をとりしきる長官などを務めました。1407年からはシリアのダマスカスに住み、複数の学院で教師をつとめました。1417年にはエジプトに戻り、以降は公職を退《しりぞ》いてカイロで歴史の研究に専念《せんねん》しました。

彼は、王家の興亡《こうぼう》や戦乱ばかりでなく、エジプトの自然環境、非イスラーム教徒の動向、各時代の経済の動きも記し、『エジプト地誌《ちし》』『諸王朝の歴史の旅』などの著《ちょ》作《さく》を残しました。

彼の著作にあらわれる、社会や経済問題に対するするどい視線《しせん》には、多くの商人が出入りするカイロの市場を監督《かんとく》していた経験が反映されています。

chapter 6

ムハンマド・アリー朝の近代

フランスが急に攻めてきた！

1798年7月、ナポレオン率いるフランス軍が突如《とつじょ》エジプトに上陸しました。当時フランスとイギリスは、世界の覇権をめぐって対立関係にありました。フランスは、イギリスの植民地であるインドへつながるルートを遮断《しゃだん》しようとしたのです。

人心をつかむのに長けたナポレオンは、ピラミッドの前で「4000年の歴史が君たちを見下ろしている」と演説して兵士を鼓舞《こぶ》したといわれます。

フランス軍はマムルークの軍勢を次々と破り、7月中にアレクサンドリアとカイロを占領しました。対するイギリスは、海軍提督ネルソンが艦隊を率いて対抗し、ナイル川の河口一帯でフランス軍とイギリス軍およびオスマン帝国軍の戦闘が続きます。

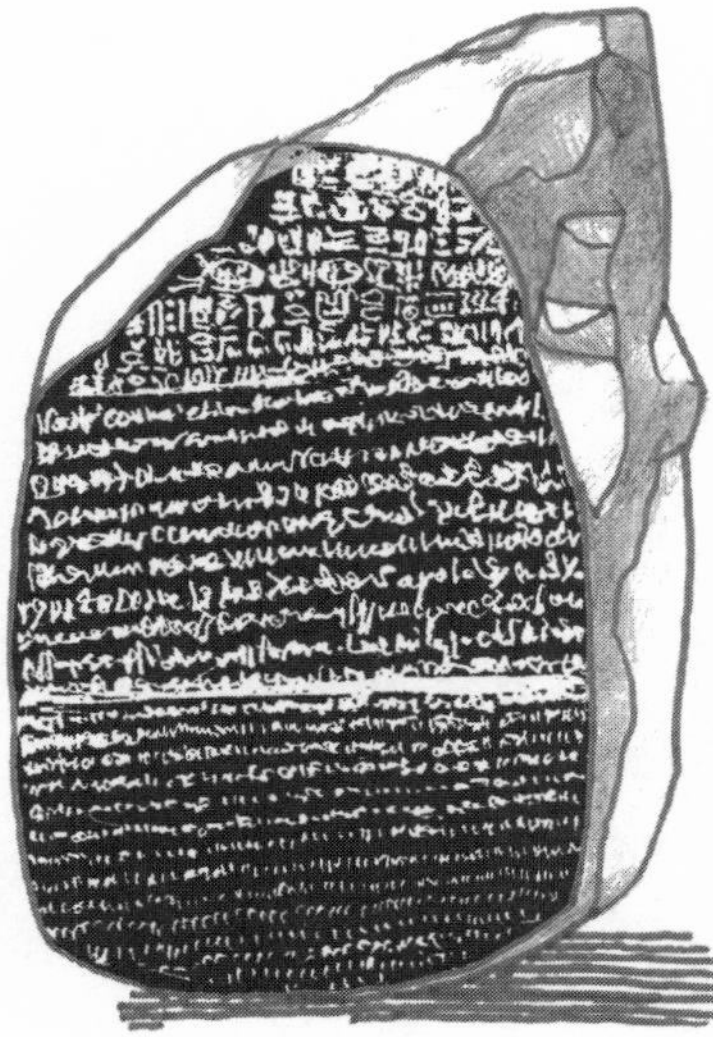

そのさなかの1799年8月、フランス軍の兵士がアレクサンドリア近郊の町ロゼッタ（ラシード）で、石碑を発見しました。高さ約114センチメートル、幅約72センチメートルの黒い花崗岩には、上段に古代エジプトのヒエログリフ（神聖文字）、中段にデモティック（民衆文字）、下段にギリシア文字が刻まれていました。この石碑はロゼッタ・ストーンと呼ばれました。

英仏なきあとの混乱

オスマン帝国はイギリスに同調《どうちょう》し、1801年3月、エジプトからフランスを追い払うための派遣軍を送りこみます。当時のオスマン帝国はギリシアなどのバルカン半島を支配しており、同地のイスラーム教徒が大量に動員《どういん》されました。

この派遣軍の指揮官に、ムハンマド・アリーという人物がいました。出身は現在のギリシア北東部にあるカヴァラという港町で、治安維持を担当する下級軍人の子でした。ムハンマド・アリーは、アルバニア人部隊の副司令官でしたが、フランス軍との戦いで大いに活躍し、司令官が戦死するとその後任に昇格《しょうかく》します。

10月、ムハンマド・アリー率いるオスマン帝国軍とイギリス軍の反撃により、フランス軍はエジプトから撤退します。その2年後には、イギリス軍も撤退しました。

このあと、ムハンマド・アリーらの派遣軍と、エジプトの旧支配層であったマムルーク、さらにオスマン帝国の総督がエジプトの支配権をめぐって三つ巴《みつどもえ》の争いをはじめました。

ムハンマド・アリーは配下の兵に略奪を禁《きん》じて治安維持につとめ、民衆の支持を集めていきます。

ムハンマド・アリーが支配者に

1805年5月、カイロの民衆がオスマン帝国の派遣した新総督に反発し、暴動を起こしました。彼らは、ムハンマド・アリーに総督に就任するよう要請します。ムハンマド・アリーはこれをうけ、みずからエジプト総督となりました。

オスマン帝国がしぶしぶこれを認めたことから、ムハンマド・アリーは実質的なエジプトの支配者となりました。

一部のマムルークはムハンマド・アリーを認めず、イギリスと手を結びました。1807年4月、イギリス軍がエジプトに上陸すると、ムハンマド・アリーはロゼッタ近郊《きんこう》のアル＝ハミードでイギリス軍を大いに打ち破りました。

その後、ヨーロッパでフランスと各国の連合軍（対仏大同盟《たいふつだいどうめい》）の戦争が続いたこともあり、イギリスはエジプトから手を引きます。

オスマン帝国は、軍や政治の改革を進めたい皇帝セリム3世と、抵抗する官僚や軍人たちが政争に明け暮れ、エジプトに介入する余裕《よゆう》はありませんでした。

着々と力をつけていったムハンマド・アリーは、1811年3月に軍の任命式を口実《こうじつ》に約500人のマムルークを王城に集めて殺戮《さつりく》し、支配を固めました。

富国強兵・近代化政策

ナポレオンを高く評価していたムハンマド・アリーは、その政策を見ならうべくフランスから多くの技術者や軍の教官を招きました。ヨーロッパの知識を学ぶため、留学生も派遣しました。

ナイル川周辺で灌漑工事が実施されたほか、全土で農地の測量が行われて綿花《めんか》の栽培が広まり、繊維《せんい》製品の工場も建設されます。造船所や印刷所なども次々とつくられていきました。

ムハンマド・アリーは、将軍がそれぞれに私兵《しへい》を率いる軍制《ぐんせい》を改め、士官学校をつくって規律《きりつ》と最新の戦術を軍人に教育し、統一された国軍を組織しました。

軍隊の中心となっていたのは、支配層だったトルコ系やチェルケス系、アルバニア系の人びとでしたが、１８２２年に徴兵制を導入し、アラブ系の農民を兵士として採用しました。

このころ、アラビア半島ではサウード家（のちのサウジアラビア王家）を中心とする勢力が、オスマン帝国の支配に抵抗していました。ムハンマド・アリーは、オスマン帝国政府の要請を受け、この勢力を討伐《とうばつ》します。また、１８２０年から南のスーダンに軍

を派遣して征服し、領土を広げました。

シリアを占領

1821年3月、バルカン半島で、オスマン帝国からの独立をはかるギリシア人が蜂《ほう》起《き》します（ギリシア独立戦争）。オスマン帝国政府の要請でギリシアに派遣されたエジプト軍は、1826年6月にアテネを占領し、ほぼ制圧しました。

ところが、イギリス、フランス、ロシアが同じキリスト教徒であるギリシア人の支援に乗り出します。

ムハンマド・アリー朝の領土

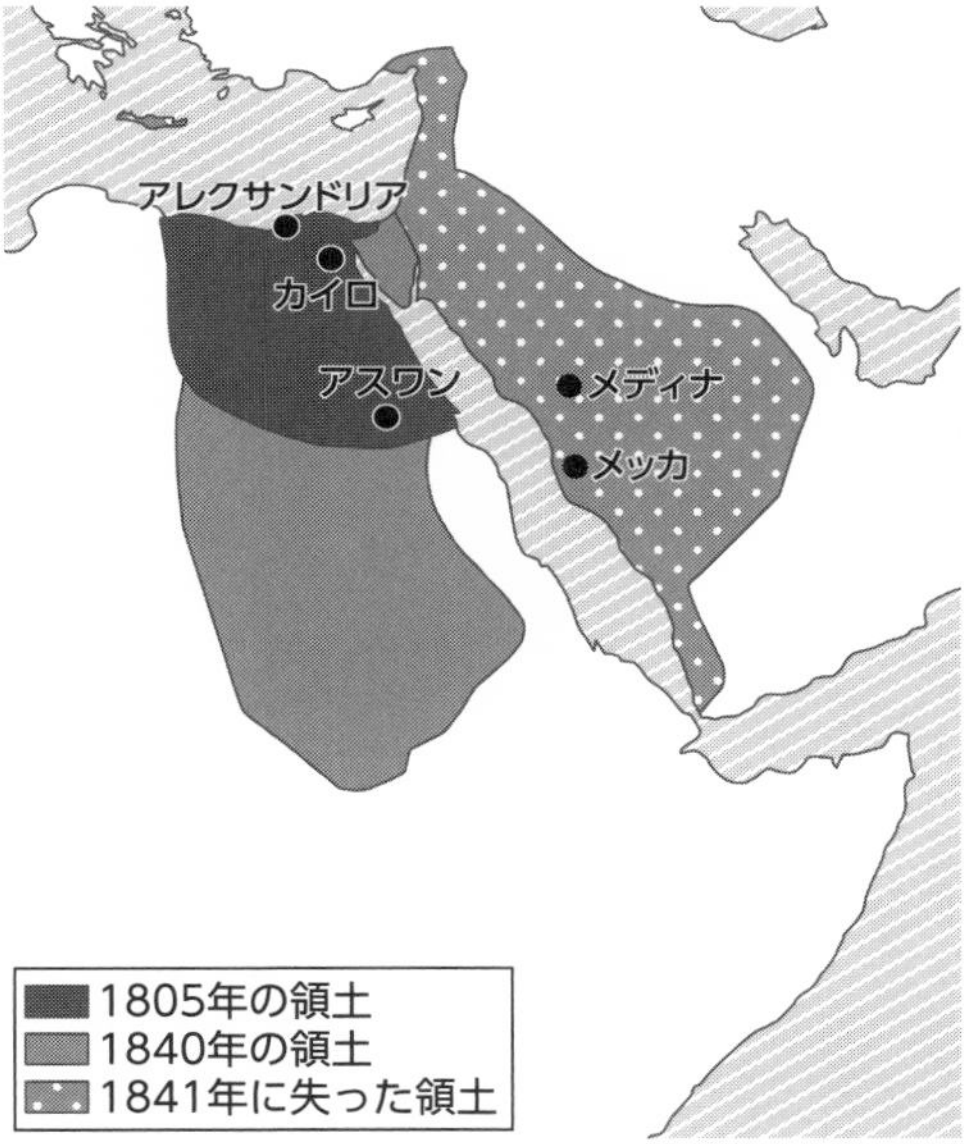

１８２７年、オスマン帝国とエジプトの艦隊は、ナヴァリノの海戦で３国の連合艦隊の前に大敗します。２年後、ギリシア独立戦争はオスマン帝国の敗北で幕を閉じ、１８３０年にギリシアの独立が国際的に認められました。

じつはギリシア出兵の前、オスマン帝国政府は、ムハンマド・アリーにシリアの統治権を与えると約束していました。

ところが、ギリシアが独立したため、地中海のクレタ島しか得られませんでした。多くの犠牲をはらったムハンマド・アリーは納得できず、息子のイブラーヒームを指揮官とする軍をシリアに送りこみます。こうして、１８３１年11月に第一次エジプト・トルコ戦争が起こりました。

エジプト軍はオスマン帝国軍を次々と撃破してシリア各地を占領し、あわてたオスマン帝国はロシアに支援を求めました。しかし、ロシアが中東で影響力を拡大することを恐れるイギリスとフランスが横やりを入れ、休戦交渉が行われました。

１８３３年3月、キュタヒヤ条約が結ばれ、クレタ島などのほかにエジプトがシリアを支配することが認められました。

ヨーロッパから横やりが

イブラーヒームによるシリア支配は、現地住民の抵抗で順調に進みませんでした。

1839年には、オスマン帝国がシリアの奪回《だっかい》をはかって軍を送りこみ、第二次エジプト・トルコ戦争がはじまります。戦闘はまたしてもエジプト軍が優勢のうちに進みますが、エジプトの強大化を警戒《けいかい》するイギリスが、ロシア、オーストリア、プロイセンとともに、オスマン帝国の支援に動きました。

この4国は、1840年7月にロンドン条約（四国条約）を結び、エジプトに対して、シリアをはじめとする獲得地を放棄するよう要求しました。

ムハンマド・アリーがこれを拒否すると、イギリスとオ

そのころ、日本では？

19世紀に入ると、日本近海にもヨーロッパ各国の軍艦が近づくようになります。江戸幕府は外国船を追い払《はら》う方針でしたが、隣国《りんごく》の清《しん》がイギリスとのアヘン戦争に大敗したので、1842年に政策を改め、外国船に飲料水や燃料を提供して退去《たいきょ》させる「薪水給与令《しんすいきゅうよれい》」を定めました。

ーストリアはシリアに軍を派遣し、一転してエジプト軍は劣勢に立たされます。

ムハンマド・アリーは、フランスの助力《じょりょく》を期待しましたが、イギリスとの正面衝突を恐れるフランスは動きませんでした。

1840年11月、ムハンマド・アリーはやむなく条約を受けいれます。エジプトはスーダンを除く占領地を放棄させられ、エジプト軍の大幅な兵力削減《さくげん》も飲まざるを得ませんでした。かくして、ムハンマド・アリーの領土拡大の野望は潰《つい》えました。

ただし、ムハンマド・アリーの一族は、オスマン帝国の宗主権のもとでエジプト総督を世襲《せしゅう》することが認められたのです。

近代化政策とその影響

さて、ムハンマド・アリーの産業政策は、どうなったでしょうか。

綿花の栽培や繊維製品の輸出は増加したため、エジプトの財政収入は1798年から1833年までのあいだに、じつに15倍以上も増加したと推定されています。灌漑工事で農業用水が確保され、農業も発展しました。1820年代前半のエジプトの人口は約

251万人でしたが、1840年代後半には、約446万人まで増加したといわれます。

ところが1840年の敗戦により、オスマン帝国とイギリスが結んだ不平等条約を、エジプトも受け入れざるを得なくなりました。この条約には、輸入品にかける関税《かんぜい》を低く抑《おさ》える条項《じょうこう》があり、ヨーロッパで生産された高品質の工業製品がエジプトに安く、そして大量に入ってきます。

せっかく生産がはじまったエジプトの国産製品は太刀打《たちう》ちできず、国営工場は次々に閉鎖され、エジプトの工業化の試みは失敗に終わりました。

ムハンマド・アリーは産業開発だけでなく、近代教育の導入などを通じて、それまでの「イスラーム教徒」や「コプト・キリスト教徒」といった枠組《わくぐ》みを越えた「エジプト国民」という意識を人びとに植えつけようとしました。

当時ヨーロッパでは、フランス革命をきっかけに、国民の団結をそれぞれに唱えるナショナリズムが広がっていました。エジプトの人びともその影響を受け、「自分たちはエジプト人である」という感覚を徐々に共有するようになり、それまでのオスマン帝国の一部という立場を脱しようとします。

後継者の政策

1848年4月、ムハンマド・アリーは、息子のイブラーヒームに総督の座を譲《ゆず》ります。ところがイブラーヒームは病気で急死し、同年11月にムハンマド・アリーの甥のアッバースが次の総督となりました。ムハンマド・アリーは、翌年に80歳で死去します。

西洋文化に対する反発心を抱いていたアッバースは、フランスから来た技術者や軍の教官を追放し、エジプトの近代化が停滞《ていたい》してしまいます。ただし、鉄道だけは別で、イギリスの支援を受けてアレクサンドリアでの鉄道工事が進められました。

1853年10月、バルカン半島や黒海周辺での勢力拡大をはかるロシアとオスマン帝国のあいだで、クリミア戦争が起こります。アッバースは宗主国《そうしゅこく》のオスマン帝国を助けるため兵を派遣しました。ロシアの強大化を恐れたイギリスとフランスも、オスマン帝国に味方して参戦《さんせん》します。

オスマン帝国が優勢であった1854年7月、アッバースは王宮内で何者かに殺害されました。ムハンマド・アリーの政策を一転させたアッバースは、私生活でも女官《じょかん》に暴力行為をくり返すなど、悪評《あくひょう》が絶えませんでした。公式には脳卒中《のうそっちゅう》と発表されましたが、事件の真相《しんそう》はわかっていません。

このあと、ムハンマド・アリーの五男サイードが新たに総督となります。サイードは西洋文化を受け入れる方針に転換し、フランスとの友好関係を強化して、鉄道網《てつどうもう》や電信《でんしん》機《き》による通信網を拡大しました。

また、1858年には現在のエジプト考古博物館の前身が設立されています。

スエズ運河の建設

サイードは、スエズ運河の開削《かいさく》に尽力《じんりょく》しました。地中海と紅海に挟まれたスエズ地峡《ちきょう》を船が通行できるようになれば、アフリカ大陸を大回りするそれまでの航路と比較して、ヨーロッパからアジアにいたる距離が大幅に短縮されます。

航海にかかる費用と日数が大幅に削減できるため、運河計画は過去に何度も試みられていました。ナポレオンも、エジプトを占領したときにスエズ地峡を測量《そくりょう》しています。

フランス領事としてカイロに赴任したレセップスは、サイードと親交が深く、両人はスエズ運河の開削に合意しました。レセップスによってスエズ運河会社が設立され、この会社が発行した株式の約44パーセントをエジプトが引き受けることになりました。そして1859年4月、開削工事がはじまります。

イギリスは、フランスが運河を開削すると植民地インドと自国の通商網がおびやかされると考え、オスマン帝国政府に働きかけて工事を中止させようとしました。しかし、レセップスの尽力により、1866年3月、オスマン帝国から運河開削が正式に認可されます。

サイードは工事に莫大な資金を費やしました。さらに無償《むしょう》で動員された多くの労働者が不満を訴《うった》えたこともあり、サイードは心労《しんろう》がたたって完成を見ぬまま1863年1月に死去しました。エジプト総督の地位は、甥のイスマーイールが継ぎます。

そのころ、日本では？

1862年、江戸幕府は外交交渉のため、ヨーロッパに竹内《たけうち》保徳《やすのり》、松平《まつだいら》康英《やすひで》、福沢《ふくざわ》諭吉《ゆきち》らの文久《ぶんきゅう》遣欧《けんおう》使節団《しせつだん》を派遣しました。一行はエジプトにも立ち寄り、建設中のスエズ運河を見学しています。この2年後には、2度目の使節団が、スフィンクス像の前で記念写真を撮影しました。

1869年11月、全長164キロメートルもの大運河がついに完成しました。開通式典は国際的な大イベントとなり、ヨーロッパ各地の王侯貴族や文化人が参列《さんれつ》しました。エジプトを舞台にした、イタリアの作曲家ジュゼッペ・ヴェルディのオペラ「アイーダ」は、スエズ運河開通を祝ってイスマーイールが作曲を依頼《いらい》したものです。

なお、運河の北端《ほくたん》につくられた港は「ポート・サイード」と名づけられました。

イスマーイールの栄光

スエズ運河の建設費をヨーロッパ諸国に借りたため、エジプトの財政は苦しくなりました。しかし、1861年4月にアメリカで南北戦争が起こ

り、風向きが変わります。アメリカから綿花が入ってこなくなったため、ヨーロッパの国ぐにはエジプトに綿花を求めるようになりました。

輸出量が増えて貿易収入が増加したことで、イスマーイールは工場や学校の建設、さらに軍艦の増強などを積極的に行いました。首都カイロの大改造も進められ、パリをモデルにして、下水道やガス灯《とう》、広い公園を備えた近代的な新市街がつくられました。

政治面では、西洋風の王宮であるアブディーン宮殿が建設され、政治の拠点はサラディン以来の「山の城塞」からここへ移りました。1866年には議会も開設されます。

さらにイスマーイールは、オスマン帝国スルタンや政府高官に巨額《きょがく》の献金《けんきん》を行って、1867年6月には副王《ふくおう》（ヘディーヴ）の称号を得ました。副王は総督より格上で、オスマン帝国の大宰相に匹敵《ひってき》します。スエズ運河の完成と副王への昇格により、イスマーイールは栄光の頂点をきわめました。

そして失脚

順調だったエジプト経済は、1865年のアメリカ南北戦争の終結により、下降線《かこうせん》をたどります。綿花輸出量が減り、収入は急減しました。政府の対外債務《たいがいさいむ》は１８６４年から約10年のうちに、４倍以上にふくれあがります。１８７５年11月、債務返済のため、エジプトはスエズ運河会社の株をイギリスに売却《ばいきゃく》しました。イギリスは筆頭株主《ひっとうかぶぬし》となり、スエズ運河の運営権をにぎることに成功しました。

それでもエジプトの財政は改善されず、ヨーロッパの国ぐにがエジプトの開発に投資しなくなったため、１８７６年4月、ついにエジプトは財政破綻《ざいせいはたん》しました。

エジプトは借金のために他国の要求を聞き入れざるを得ず、イギリス人やフランス人の政治家がエジプト政府に送りこまれました。新たに組織された内閣はヨーロッパ人が閣僚《かくりょう》をつとめ、公務員や軍人の給与の削減、大幅な増税を断行したため、国民のあいだに大きな不満が広がりました。

王族からもきびしく非難されたイスマーイールは、ヨーロッパ人の閣僚を解任《かいにん》しようとします。これに対してイギリスとフランスは彼に退位を迫り、オスマン帝国政府にも働きかけました。１８７９年6月、イスマーイールは副王の地位を奪われ、イタリアに亡命《ぼうめい》します。生涯、エジプトに戻ってくることはありませんでした。

知れば知るほどおもしろいエジプトの偉人❻

アラブ諸国で愛された歌姫

ウンム・クルスーム

أم كلثوم

1898 〜 1975 年

「東洋の星」と呼ばれた国民的歌手

大衆《たいしゅう》娯楽《ごらく》音楽が広まった1920年代にデビューしたウンム・クルスームは、エジプトだけでなく、中東のアラブ諸国全域で幅広い人気をもつ歌手です。

毎月第1木曜日に定例コンサートを開き、ラジオ中継される時間帯には町中から人の姿が消えたともいわれます。アラビア語の歌をカイロ方言《ほうげん》で歌い、リズムや歌《か》唱法《しょうほう》にはアラブの古典的な伝統音楽の手法が取り入れられていました。300曲以上の歌謡曲《かようきょく》のほか、宗教的な曲や物語性の高い叙事詩《じょじし》的なものまで、幅広い作品を残しました。西洋音楽の要素を取りこんだ「あなたはわたしの命」、長さが1時間もある「千夜一夜《せんやいちや》」、重厚なメロディの「廃墟《はいきょ》」などの曲で知られます。

1998年にはエジプト文化省によってカイロにウンム・クルスーム博物館が設立され、彼女が関わった多くの楽曲のほか、写真や私物などが公開されています。

chapter 7

イギリスの支配と独立への道

エジプト人のためのエジプト

19世紀の終わりになると、エジプトのほか、オスマン帝国領のアラビア半島、イラン、アフガニスタンなど中東の大部分に、イギリス、フランス、ロシアといったヨーロッパの大国が進出して、支配するようになっていきます。

イランの思想家アフガーニーは、専制政治《せんせいせいじ》の打破や植民地支配への抵抗、イスラーム諸国の団結を唱えました。アフガーニーの声は、中東各地で広がります。

1879年に即位したエジプト副王タウフィークは、イギリスやフランスの言いなりで、ヨーロッパ人がさまざまな特権を享受《きょうじゅ》し、幅を利《き》かせていました。

こうした状況を打破するため、同年にエジプトで最初の民族主義政党である祖国党《そこくとう》が結成されます。祖国党は、ヨーロッパに対する抵抗と、憲法を制定して副王の専制政治を打破することをめざしました。

また、エジプト軍のなかではムハンマド・アリーの創設以来、トルコ系、チェルケス系の士官《しかん》の地位が高く、アラブ系の士官は地位が低いままで、不満を募らせました。

アラブ系の陸軍大佐アフマド・ウラービー（オラービー）は、アラブ系軍人のリーダーとして頭角をあらわし、祖国党にも参加しました。

差別的な人事を廃止すること、陸軍大臣を解任することなどを求めて上層部と対立したウラービーは、1881年9月、ついに行動を起こします。

一軍を率いたウラービーは、副王のいるアブディーン宮殿を包囲して、閉鎖されていた議会の召集、憲法の制定、副王に近い現内閣の退陣《たいじん》を要求したのです。カイロの市民は、ウラービーに味方しました。

1882年1月、内閣は退陣してウラービーを支持する勢力が新たに政権を樹立しました。

新政権のもとで議会が招集され、翌年にはエジプト初の憲法の草案《そうあん》が発表されました。「エジプト人のた

めのエジプト」をスローガンとする一連の政変《せいへん》は、「ウラービー運動」「ウラービー革命」と呼ばれました。

ウラービーの挫折

ウラービー運動は、エジプトの政治にヨーロッパ人の影響がおよぶことを拒否しました。そのためエジプト各地で反ヨーロッパの感情が燃え上がり、外国人排斥《はいせき》運動が起こります。

1882年6月、黙《だま》っていられなくなったイギリス軍は、ヨーロッパ人の保護を名目としてアレクサンドリアに兵を上陸させ、エジプト軍と戦闘をはじめます。

ウラービー運動が起こってみずからの立場に危険を感じていた副王タウフィークは、イギリスに保護を求めました。イギリス軍はエジプト軍を撃破し、同年9月にカイロを占

そのころ、日本では？

ウラービー運動が起こった1880年代、西洋諸国の侵略を警戒していた日本にも、エジプトの情報は伝わっていました。エジプトの動向に関心を持っていた政治家の谷干城《たにたてき》や教育者の新島襄《にいじまじょう》（同志社大学の創設者）は、服役中のウラービーに会っています。

領します（テル・エル・ケビールの戦い）。

捕えられたウラービーは、イギリス領セイロン（現在のスリランカ）に島流しとなります。祖国党も解散となり、エジプト最初の民族運動はついに挫折したのです。

イギリスの支配下に

ウラービー運動がしずめられたあと、エジプトは実質的にイギリスの支配下となります。国内の主要な地域にイギリス軍が配置され、イギリス総領事《そうりょうじ》クローマー卿《きょう》のもと、イギリス政府が派遣した官僚が政治を行いました。

クローマー卿は大規模な土木工事を行い、エジプトの農業生産力は向上し、交通網も発達します。破綻していた財政も立て直されますが、商工業の利益はイギリス人がほぼ独占しました。

エジプト在住のイギリス人には治外法権《ちがいほうけん》が認められ、エジプト人とのあいだでトラブルが起こっても、エジプトの法律は適用されなかったのです。

１９０６年、イギリス軍将校とエジプト人農民との衝突事件（ディンシャワーイ事件）が起こり、エジプト人がきびしく処罰《しょばつ》されたことで、エジプトの人びとのあいだには、ふたたび反イギリスの感情が高まっていました。

こうした状況のなか、フランスへの留学経験をもつムスタファ・カーミルは、民族主義運動をはじめ、イギリスからの独立をめざす国民党を創設します。

カーミルは、日露戦争で大国ロシアに勝利した日本を近代化のモデル像と考えており、国家体制が大きく代わった明治維新《めいじいしん》に注目しました。

オスマン帝国とともに戦うはずが

当時のヨーロッパでは、ドイツが軍事大国として急速に力をつけて周辺国をおびやかしており、イギリス、フランス、ロシアは三国協商《さんごくきょうしょう》を結んで、対抗していました。

1914年7月、ドイツと同盟関係にあったオーストリアが、ロシアと同盟関係にあるセルビアと開戦します。双方《そうほう》の同盟国が次々と参戦して、第一次世界大戦がはじまりました。イギリスに領土を奪われていたオスマン帝国は、ドイツ側につきます。

開戦時にオスマン帝国の首都イスタンブルを訪れていたエジプト副王アッバース・ヒ

ルミー2世は、「オスマン帝国とともにイギリスと戦おう」と国民に呼びかけます。これに対してイギリスは、ヒルミー2世の帰国を阻止《そし》し、代わりにおじのフサイン・カーミルを副王の地位につけます。

同年12月、イギリスはエジプトを保護国とし、軍事や外交の権限《けんげん》を奪って、事実上の植民地としました。

大戦中、エジプトは大量の物資や食料をイギリスに提供させられました。数十万人のエジプト人が、兵士として、また輸送や土木作業のために各地の戦場に送られ、大勢が戦死しました。

イギリスの三枚舌外交

イギリスは、敵対するオスマン帝国の力を削《そ》ぐため、その領土内で独立運動をしていたアラブ人を支援します。

そのころ、日本では？

第一次世界大戦中、日本はイギリスの同盟国でしたが、主戦場はヨーロッパだったので、小規模な戦闘しか行っていません。多くの参戦国の代わりに工業輸出が拡大して、工場労働者が増え、1916年には勤労者《きんろうしや》の健康維持や児童労働の禁止を定めた工場法が施行《しこう》されました。

イギリスはメッカの太守《たいしゅ》フサインとフサイン・マクマホン協定を結び、アラブ人国家の建設を認めると約束したのです。

その一方で、イギリスはユダヤ系の資産家に戦費《せんぴ》を出してもらうため、パレスチナにユダヤ人国家をつくることを支援すると宣言します（バルフォア宣言）。

さらにイギリスは、同盟関係にあったフランス、ロシアと秘密裏《ひみつり》に中東を分割支配する約束を交わしました（サイクス・ピコ協定）。

つまりイギリスは、アラブ人とユダヤ人に対し、それぞれが国をつくることを認めながら、フランスやロシアと支配地の取り分を決めていたのです。この「三枚舌外交《さんまいじたがいこう》」は、大戦後から現代にいたる中東の国境問題、そして紛争《ふんそう》の原因となりました。

革命、そして名目だけの独立

さて、1918年11月に第一次世界大戦は、イギリス、フランス、ロシア、アメリカなどの連合国（協商国）の勝利で終わりました。敗れたオスマン帝国は弱体化し、支配下の民族にとっては独立のチャンスが訪れます。加えて、アメリカ大統領ウィルソンは、

第一次世界大戦前後の中東

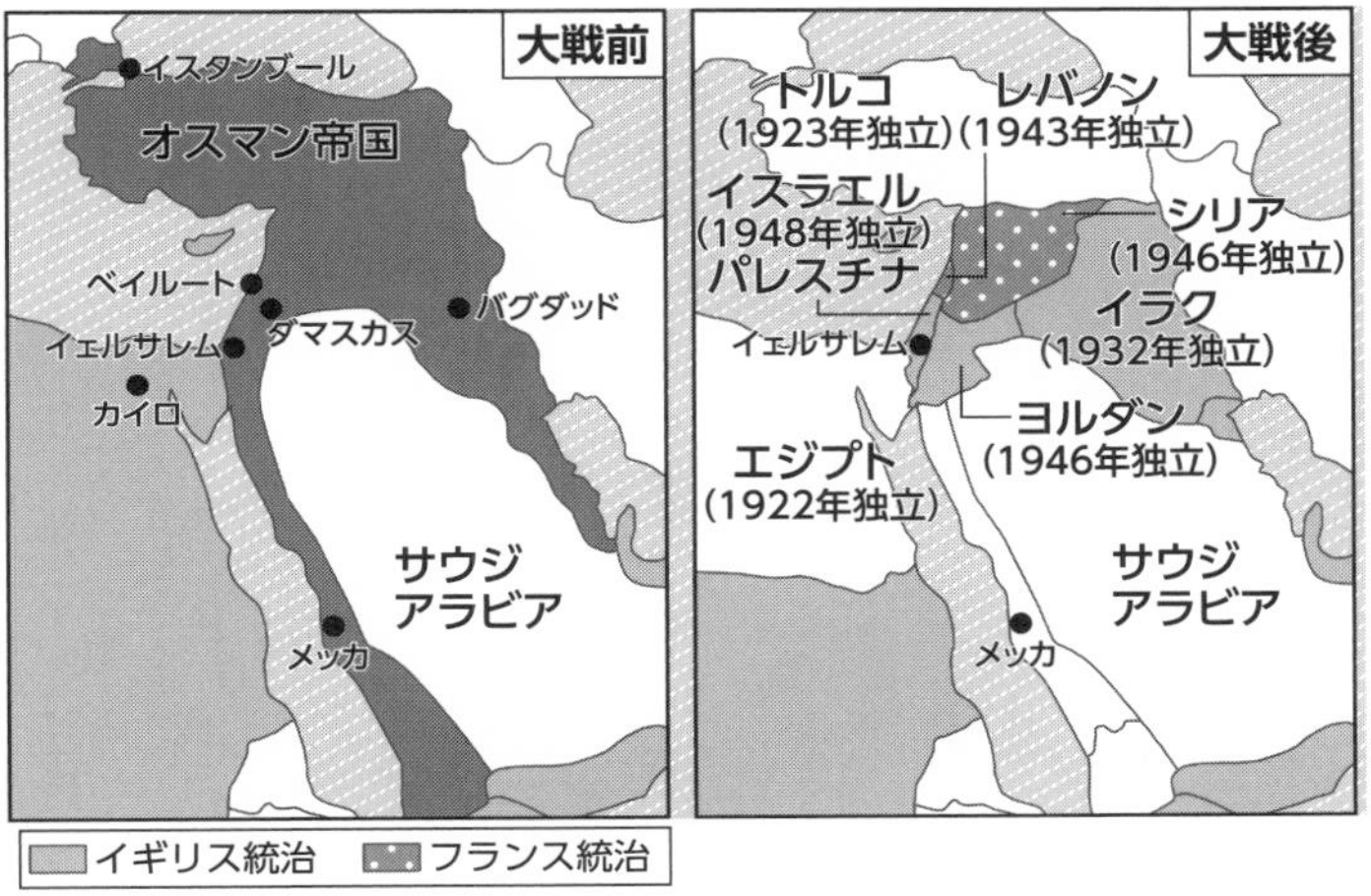

各国に民族自決《みんぞくじけつ》（各民族が独立し、それぞれの政府をもつ権利があるという主張）を呼びかけました。

これを受け、エジプトでは終戦直後から独立運動が激化しました。その中心となったのは、教育大臣や法務大臣を務めたサアド・ザグルールです。

ザグルールは大戦の戦後処理を決めるパリ講和会議に、エジプトの独立を求める代表団として出席しようとしました。

ところがイギリスがこれを認めなかったため、独立と代表団の派遣を求める運動をくり広げます。

1919年3月、イギリスはザグルール一派を逮捕し、マルタ島への流刑《るけい》とします。ところがエジプトの民衆がこれに抗議し、反英運動が一気に広がりました。

この運動は「1919年革命」と呼ばれ、役人や軍人、農民、トルコ系住民まで、エジプトのあらゆる階層・立場の人が参加しました。

イギリスは運動を弾圧《だんあつ》するも、エジプト人の抵抗が根強いことを知ったアレンビー特別高等弁務《とくべつこうとうべんむ》官《かん》は、エジプトを独立させることを決めます。

かくして、1922年2月28日、エジプト王国が成立しました。ただし、スエズ運河の防備などの名目でイギリス軍はエジプトにとどまり、イギリスによる内政指導は続きました。

初代国王となったファード1世は、民衆の声に耳を傾《かたむ》けることなく、専制的な政治を行います。立憲君主制《りっけんくんしゅせい》が導入されたにもかかわらず、国王に議会の解散や閣僚の任免《にんめん》を決める権利が認められたのです。実際にファード1世は、議会に口を出しました。

1923年、マルタ島から戻ってきたザグルールはワフド党を結成します。翌年の選挙でワフド党が勝利すると、ザグルールは首相の座に就きました。

しかし、イギリス軍の退去を主張するも認められず、ザグルールは失意《しつい》のまま政界を去り、ほどなく死去しました。

産業の発展

長らくエジプトは綿花栽培を中心とした農業が中心で、工業製品は輸入に頼るか、イギリスをはじめとするヨーロ

そのころ、日本では？

1923年9月1日、神奈川県南部を震源地《しんげんち》とする関東大震災が起こり、約10万5000人もの死者・行方不明者が発生しました。東京都内の木造家屋《もくぞうかおく》や明治期につくられたレンガ建築の多くが焼失《しょうしつ》または倒壊《とうかい》し、都心部では復興の過程《かてい》で新たに鉄筋《てっきん》コンクリートの高層建築が広まります。

ッパ企業に市場を独占されていました。

しかし独立後、実業家のタラアト・ハルブが外国資本に対抗してミスル銀行を設立します。ハルブはさらに繊維や航空などの会社を次々と興し、エジプト資本の企業グループが誕生しました。商工業は栄え、国産の衣類や家具も登場します。紅海に面したラス・ガリブでは油田《ゆでん》が開発され、石油産業もさかんになりました。

近代的な教育も普及し、1908年に設立されたエジプト国民大学（現カイロ大学の前身）に続き、1938年にはアレクサンドリア大学も設立されました。都市部で学識のある若者がしだいに増えていき、反英運動の担い手として成長しました。

弱腰な国王

エジプト王国の成立と前後して、国外でも大きな政変が相次《あいつ》ぎます。ロシアでは第一次世界大戦中に革命で帝政が崩壊したのち、共産党が政権をにぎって、1922年にソビエト社会主義共和国連邦（ソ連）が成立しました。同年にイタリアではファシスト党の独裁《どくさい》政権が成立します。

オスマン帝国ではトルコ革命が起こって帝政が打倒《だとう》され、1923年にトルコ共和国が成立しました。なお、オスマン帝国の解体《かいたい》にともない、支配下にあったサウジアラビア、イラクなどが独立します。

第一次世界大戦で敗れたドイツでは、多額の賠償金《ばいしょうきん》を課せられたことで戦勝国への不満が募り、排外的《はいがいてき》な主張をするナチス党が1933年に政権を獲得しました。ナチス政権はイギリス、フランス、アメリカを中心とした国際秩序に強く反発し、のちにイタリア、日本と同盟を結びました。

1939年9月、ドイツ軍がポーランドに侵攻すると、イギリス、フランスを中心とする連合国がドイツに宣戦し、第二次世界大戦がはじまります。

当時、エジプトの西に位置するリビアはイタリアが支配していました。1940年9月、イタリア軍がスエズ運河の確保を狙って、エジプトに攻めこみます。イギリスはエジプト政府に協力を求めますが、国民のあいだではイタリアに味方してイギリスからの完全な独立をめざす意見もあり、世論はふたつに分かれました。

結局、イギリス軍はイタリア軍を撃退し、1941年2月にはリビアに攻めこみまし

1942年の北アフリカ戦線

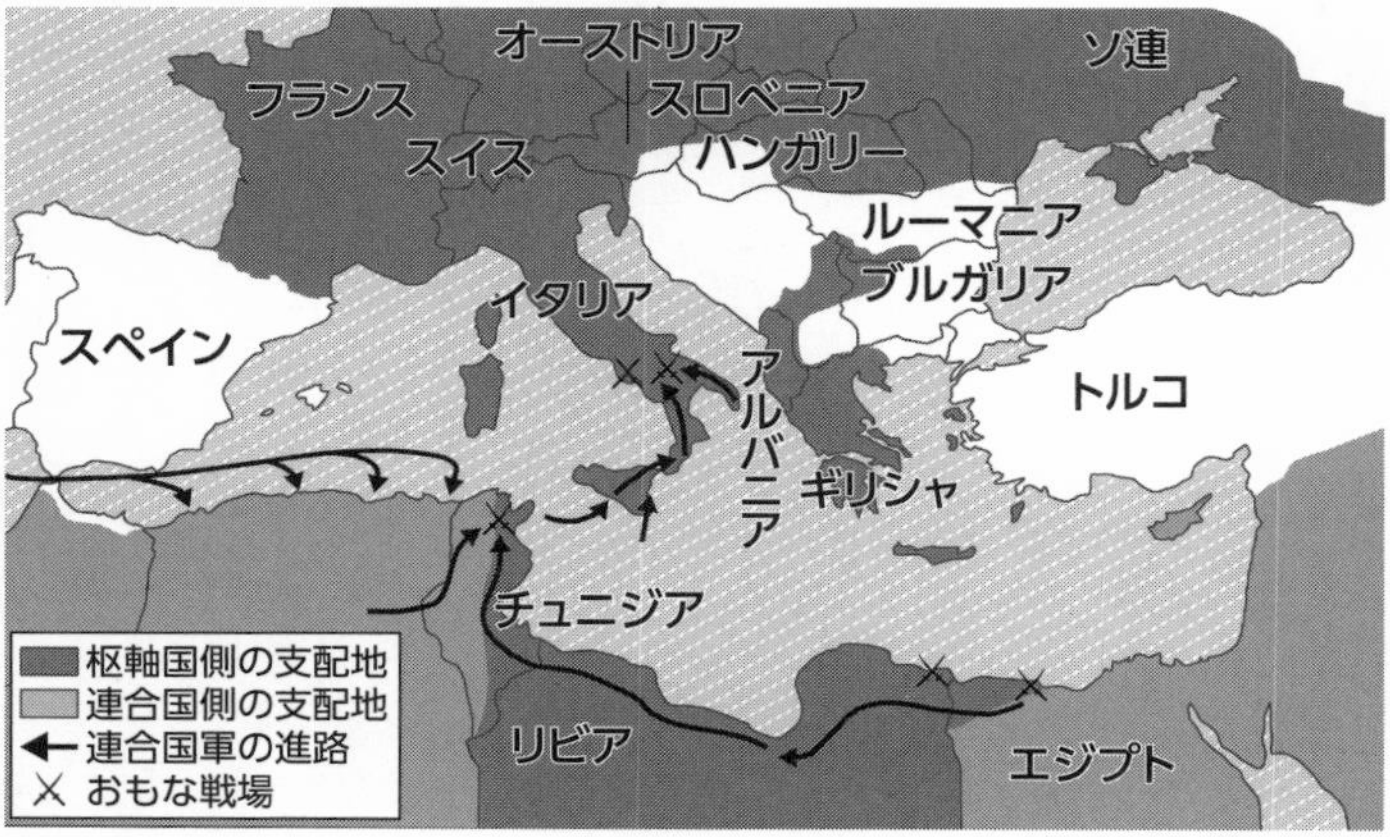

た。これに対し、苦戦するイタリアを助けるため、ドイツはロンメル将軍率いる大軍団を送りこみます。イギリス軍はドイツ軍の強力な戦車隊に苦戦し、エジプト国民のあいだに、ドイツ・イタリアを支援する動きが広がっていきます。

エジプトにいたイギリス軍は危機感を抱き、1942年2月4日にアブディーン宮殿を戦車と大軍で包囲しました。

イギリスの圧力により、国王ファルーク1世はイギリスに協力的なワフド党党首ナッハースを首相に任命しました。

このできごとは2月4日事件と呼ばれ、エジプト国民は反英感情をさらに強め、弱腰の国王とイギリスに妥協したワフド党への不信感が募りました。

その後、イギリス軍は物資の豊富なアメリカの支援を受けてドイツ軍を撃退。連合軍はリビアを占領したのち、イタリア半島に渡ってイタリアを降伏させました。

1945年5月、ドイツと日本が降伏し、第二次世界大戦はイギリス、フランス、アメリカ、ソ連ほかの連合国の勝利に終わりました。

新しい隣国が登場

第二次世界大戦後に起こったできごとで、エジプトに大きな影響を与えたのはイスラエルの建国です。

ここで、ユダヤ民族とイスラエルについて簡単に説明しておきます。

ユダヤ教徒は古くから存在していますが、19世紀のヨーロッパに「自分たちは宗教集団ではなく、ユダヤ人という民族だ」と主張する人びとが現れました。彼らの一部は、当時オスマン帝国の支配下にあった聖地イェルサレムをふくむパレスチナの地に、ユダヤ人国家をつくるというシオニズム運動をはじめます。金融業者《きんゆうぎょうしゃ》のロスチャイルド一族をはじめとするユダヤ人は、イギリスに積極的に協力しました。

イギリスはユダヤ人がパレスチナに新国家を建設することを支持しており、ユダヤ人はパレスチナへと移住していきました。第二次世界大戦を起こしたドイツのナチス政権はユダヤ人を迫害《はくがい》したので、戦時中は多くのユダヤ人が連合国に多大な協力をしました。このため、連合国を中心に設立された国際連合（国連）は、１９４７年11月にユダヤ人国家の建設を承認《しょうにん》します。

ただ、これは国連の中心になったイギリス、フランス、アメリカ、ソ連などの大国の方針を反映したもので、パレスチナに住んでいたアラブ人の意志は無視《むし》されました。

１９４８年5月14日、ユダヤ人国家イスラエルの建国が宣言されます。エジプト国民はアラブ人としてこれに猛反発《もうはんぱつ》し、ファルーク1世は、イスラエルと戦うことを決めました。

第二次世界大戦後に独立したシリア共和国、トランスヨルダン王国、レバノン共和国、イラク王国といったアラブ諸国もエジプトに呼応《こおう》し、5月15日、いっせいにイスラエルを攻めました。第一次中東戦争（パレスチナ戦争）のはじまりです。

イスラエルとの遺恨

開戦直後、エジプトを中心とするアラブ諸国軍は優勢でした。ところが、イスラエル軍には第二次世界大戦中に連合国軍に参加したベテラン軍人が多く、アメリカやイギリスから大量の兵器を提供されたこともあって、盛り返します。エジプトは紅海に面するシナイ半島を一時的にイスラエル軍に占領されました。

1949年2月、国連の調停《ちょうてい》によってエジプトはイスラエルと休戦協定を結び、ほかのアラブ諸国もこれに続きました。

アラブ系パレスチナ人は住んでいた土地を追われて難民《なんみん》となり、その数は約70万人にものぼりました。以降、アラブ系パレスチナ人を支援するアラブ諸国とイスラエルとの

そのころ、日本では？

第二次世界大戦で敗戦国となった日本は、1951年までアメリカの占領を受けます。この間に占領軍司令部の指導のもとで日本国憲法が成立しました。戦前までの一部の大企業による富の独占は問題視され、1947年に制定された独占禁止法によって、財閥《ざいばつ》が解体されました。

あいだには、根深い対立が続くことになります。

新勢力が台頭

さて、エジプトが第一次中東戦争に敗れた背景には、王室、政府、軍の腐敗がありました。ファルーク1世が協力すべきアラブ諸国と主導権を争ったせいで、連携が取れませんでした。加えて、国王と親《した》しい業者が質の悪い兵器を軍におさめていました。しかもファルーク1世は、多数の愛人を抱《かか》えるなど私生活が乱れており、国民の信望《しんぼう》を失っていました。敗戦によって権威は失墜《しっつい》します。

また、イギリスはソ連が強大化していることを理由に、スエズ運河一帯に大軍をとどめたままで、エジプトの内政にも口を出しました。

国王への不信感、イギリスに対する不満、そのイギリスに弱腰《よわごし》なワフド党への失望が広がり、国民は新たな勢力を支持するようになりました。

その代表格が、1928年に設立されたムスリム同胞団《どうほうだん》です。イスラーム教の復興とそれに基づく公正な社会の実現、外国勢力の排除を唱え、支持者は数十万人にまでふくれあがりました。組織内には武装集団もいたため、エジプト政府はムスリム同胞団の拡大を恐れ、１９４９年に指導者のバンナーを暗殺しました。

しかし、以降も組織は消滅することなく残り、一部のメンバーは過激な反政府運動を続けました。

軍の内部では、イギリス支配と国王の専制に抵抗する若手が、自由将校団《じゆうしょうこうだん》を結成しました。中心人物のガマール・アブドゥル・ナセルは、１９３８年に士官学校を卒業して入隊し、第一次中東戦争では最前線で戦いました。ところが、軍上層部が無策《むさく》であったため兵器が足りず苦戦した経験もあって、政府と軍を改革すべきだと考えました。

ナセルは軍内で同志を少しずつ増やし、政府に批判的な立場をとるムスリム同胞団や共産主義組織とも連携しながら、クーデターの機会をうかがうのです。

ひみつコラム

エジプトの国旗、国章、国歌

アラブ諸国に共通する３色

赤、白、黒の３色と中央の鷲《わし》で構成されるエジプトの国旗は、１９８４年から使われています。上部の赤は革命の犠牲、つまり血を表し、中央の白は未来の明るさ、下部の黒は過去の外国の支配を表しています。この３色は「汎《はん》アラブ色」と呼ばれ、アラブ諸国の国旗でよく用いられます。白地の部分に配された金色の鷲は、12世紀後半に十字軍と戦った英雄サラディンのシンボルで、鷲の足元にはアラビア語で「エジプト・アラブ共和国」と記されています。この金色の鷲は、エジプトの国章でもあります。

エジプトで赤、白、黒の３色をベースとする国旗が使われはじめたのは、１９５２年の革命でエジプト共和国となって以降です。当初は、今よりも大きな金色の鷲があしらわれていました。その後、アラブ連合共和国の時代は中央にシリア国旗と同じふたつの星が、１９７２～１９８４年までは中央に金色の鷹《たか》があしらわれていました。

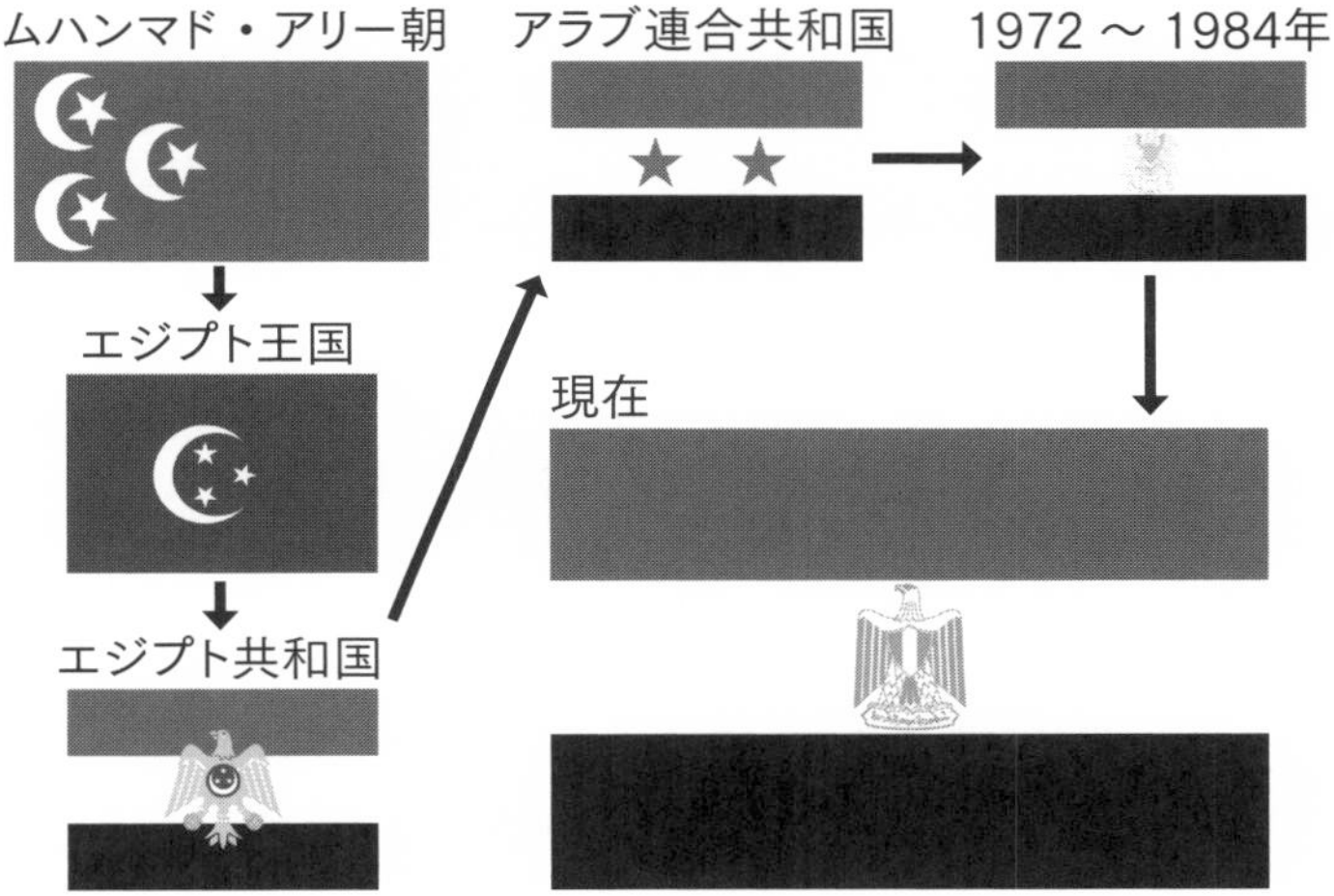

なお、革命前の王国時代の国旗は、パキスタンの国旗に似た緑色に白い三日月《みかづき》と星があしらわれていました。王国としてオスマン帝国から独立する以前のムハンマド・アリー朝時代は、当時のオスマン帝国旗、現在のトルコ国旗に似た、赤色に白い三日月と星があしらわれたデザインでした。

現在のエジプトの国歌は、曲名がずばり『わが国よ、わが国よ』。もともとはイギリスからの独立運動を指導したサアド・ザグルールの帰国を祝い、１９２３年につくられた曲です。１９７９年にイスラエルとの平和条約が結ばれたのち、国歌に採用されました。力強いメロディーが特徴で、歌詞にはナイル川も登場します。

知れば知るほどおもしろいエジプトの偉人⑦

現代エジプト文学を確立した作家

ナギーブ・マフフーズ

نجيب محفوظ

（1911 ～ 2006 年）

カイロの下町の人びとを描く

作家のマフフーズは、カイロの旧市街《きゅうしがい》に7人兄弟の末っ子として生まれました。エジプト国民大学（現在のカイロ大学）の哲学科《てつがくか》を卒業後、1938年、最初の作品である『狂気《きょうき》のつぶやき』を発表します。現代的な題材と古代からの歴史的な要素を重ね合わせた作風が特徴で、イギリスの支配からの独立や革命といった、エジプト国内の大きな動きが作品に影響を与えたといわれています。

1950年代後半に執筆《しっぴつ》した『バイナル・カスライン』『カスル・アルシャウク』『アルスッカリーヤ』の三部作は、カイロの下町を舞台とする作品で、いずれもカイロにあった通りの名が書名となっています。1959年に発表した『ゲベラウィの子供たち』では、イスラーム教、キリスト教、ユダヤ教の伝承を独自の解釈《かいしゃく》でまとめ、過激派から攻撃されたこともありました。1988年、アラブ世界ではじめてノーベル文学賞を受賞しました。

chapter 8

現在・未来のエジプト

王室は何をやっている！

1951年10月、エジプト政府は国民の支持を得るため、イギリス軍の駐留《ちゆうりゆう》を定めた条約の破棄《はき》を一方的に宣言しました。しかしイギリスは応じず、翌年に入るとエジプト各地で大規模な反英暴動が多発し、カイロ市内は大混乱におちいります。

そのさなか、国王ファルーク1世は、王子の誕生パーティの警備のために、軍と警察《けいさつ》を動員しました。国民の動きにまるで無関心な態度を示したのです。エジプト国民は、イギリスのみならず、王室に対しても不満を募らせました。

そして、ナセルら30代の若手軍人が中心となった自由将校団が、クーデターを計画します。自由将校団は約100人の小さな組織でしたが、第一次中東戦争で活躍して国民

そのころ、日本では？

戦後の占領期、日本の軍隊は一度解体されました。しかし、アジアでも自由主義国と共産主義国の対立（冷戦《れいせん》）が激化して、1950年に朝鮮戦争が起こると、日本国内では占領軍の補助として警察予備隊《けいさつよびたい》が結成されます。これが増強されて、1954年には自衛隊《じえいたい》となりました。

に人気があった将軍ムハンマド・ナギーブを味方に引き入れ、形式上のリーダーとしました。

ついに革命が成功！

1952年7月23日未明《みめい》、自由将校団は軍司令部を襲撃し、カイロの主要な官庁《かんちょう》、放送局、電話局、王宮、空港などを次々と占拠しました。死者はほんの数名でクーデターは成功します。

ナギーブによって首都の制圧が宣言されると、国王や政府に不満を抱いていた国民の多数は、自由将校団を支持しました。このクーデターにはじまる一連の政治的な変革《へんかく》は、エジプト革命と呼ばれます。

実権をにぎった自由将校団は、革命評議会《かくめいひょうぎかい》を結成して旧政権における要人の逮捕《たいほ》や追放を進めます。7月

26日には、ファルーク1世の廃位《はいい》と国外追放が宣言されました。

軍にも国民にも見放されたファルーク1世は、退位してイタリアに逃れます。王位は息子のファアード2世が継ぎますが、まだ1歳にも満たない名目だけの新国王でした。

ナギーブVSナセル

1952年9月、ナギーブは首相となり、革命評議会を中心とする政権が本格的に政治改革を進めていきます。ファルーク1世に忠実《ちゅうじつ》に従っていた政治家や官僚は、地位を追われ、王族や金持ちが所有《しょゆう》していた農地は、貧《まず》しい農民に分配されました。

翌年6月18日、政府は王制を廃止し、共和制への移行を宣言します。150年近く続いたムハンマド・アリー朝は、ついに崩壊しました。

ナギーブは首相と兼任で初代大統領となり、ナセルが副首相となります。ところが、ナギーブとナセルがはげしい主導権争いをはじめました。さらに、政府外からも改革の方向性をめぐる非難の声が次々と挙がります。

革命評議会は、政府と敵対する政党を解散させました。さらに、協調関係を築いていたムスリム同胞団や共産主義組織などの排除にも乗り出し、１９５４年1月にムスリム同胞団を非合法化しました。

国内で統制を強める一方、ナセルはイギリス政府と粘り強く交渉を重ね、１９５４年10月、イギリス軍の完全撤退を実現します。当時のイギリスはすでに国力が衰えており、アジアやアフリカに軍隊を駐留させる負担を減らしたいと考えていたのです。

イギリス軍の撤退を実現したことで、ナセルは国民から絶大な支持を得ます。

その直後、ムスリム同胞団によるナセル暗殺未遂《あんさつみすい》事件が起こりました。この事件の捜査《そうさ》でナギーブの関与《かんよ》が発表され、ナギーブは大統領の地位を追われました。こうして、ナセルが政府の中心となるのです。

エジプトは中立の第三勢力

国外では、第二次世界大戦後に自由主義国の中心となったアメリカと、共産主義国のリーダーとなったソ連の対立（冷戦）が激化していました。

ナセルは当初、アメリカとの関係を重視し、国家的プロジェクトであったアスワン・

アスワン・ダムとアスワン・ハイダム

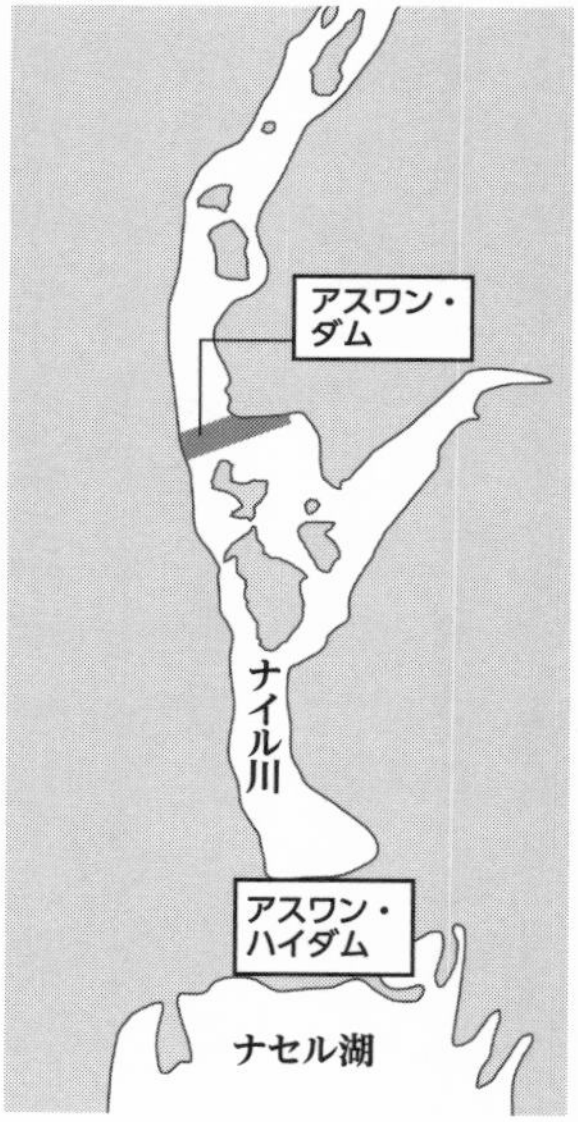

ハイダム建設で、資金援助を受けました。

ナイル川上流につくられるアスワン・ハイダムは、貯水量《ちょすいりょう》が1620億立方メートルにもおよぶ当時世界最大のダムです。ナイル川下流の水害を防ぐとともに、農業用水や生活用水を確保し、水力発電にも活用するという目的がありました。

ナセルは、隣国イスラエルに対抗するため軍備の強化にも着手《ちゃくしゅ》します。アメリカは兵器の提供に非協力的だったため、ほかの友好国を求めます。

1955年4月、インドネシアでアジア・アフリカ会議が開催され、ナセルのほか、1947年にイギリスから独立したインドのネルー首相、1949年に成立した中華人民共和国《ちゅうかじんみんきょうわこく》の周恩来《しゅうおんらい》首相などが参加します。会議では、植民地支配の打破とアメリカ、ソ連の両陣営に対して中立な「第三勢力」の立場が表明《ひょうめい》されました。

1956年6月、ナセルは女性の参政権《さんせいけん》などを認めた新憲法を制定し、国民投票で信任《しんにん》を得て、正式にエジプト共和国第2代大統領に就任します。

スエズはエジプトのもの

ナセルが大統領に就任すると、アメリカとイギリスは、アスワン・ハイダム建設の援助を打ち切ると通告《つうこく》しました。中立を掲げたナセルは、両国との関係がありながらも共産主義国のチェコスロバキアを経由して、ソ連製の兵器を購入していたのです。

アメリカ、イギリスとの関係が悪化した1956年7月、ナセルは軍をさしむけてスエズ運河会社を占拠し、運河の国有化を宣言しました。国有化して通行料を取り、ダムの建設費をまかなおうとしたのです。エジプト国民は拍手喝采でナセルを支持しましたが、イギリスが強く反発し、武力による制裁に踏《ふ》み切ります。

このころエジプトは、フランスからの独立を求めるアルジェリアを支援していました。フランスはイギリスと組んでエジプトに出兵し、さらにエジプトを敵視《てきし》するイスラエルも参戦します。

10月29日、第二次中東戦争（スエズ戦争）がはじまります。エジプト軍は必死に抵抗しますが、イギリス、フランス、イスラエルの連合軍が圧倒的に優勢でした。

とはいえ、イギリスとフランスの軍事行動は植民地主義の復活とみなされ、アラブやアジア、アフリカ諸国などから非難されました。

アメリカとソ連は停戦を呼びかけ、国際連合（国連）の勧告《かんこく》により、11月にイギリス軍とフランス軍が撤退し、翌年3月にはイスラエル軍も撤退しました。

短命に終わったアラブ連合共和国

国際世論を味方につけてスエズ運河の国有化をはたしたナセルは、「アラブの英雄」

としてエジプト国民のみならず、アラブ諸国の民衆から熱狂的に支持されました。

かねてよりナセルは、国家の枠を越えたアラブ人の団結を考えていました。オスマン帝国の崩壊で、ヨーロッパによって中東地域に勝手に国境線《こっきょうせん》がひかれ、アラブ人たちの居住地域は別々の国になっていたからです。1945年3月に結成されたアラブ連盟は、協力関係を深めていきました。

1958年2月、ナセルの支持者が多いシリアとエジプトは統合し、アラブ連合共和国が成立します。ナセルは大統領に就任しました。

ナセルはソ連と距離を置きつつも、社会主義的な政策を取り入れ、農民への土地の分配や主要産業の国有化などを進め、言論《げんろん》の自由を制限しました。

アラブ連合共和国の成立後はシリアでも同様の政策を進めようとしますが、シリア国民の不満が広がりました。

結局、1961年9月にシリアでクーデターが起こり、アラブ連合共和国は崩壊します。ただしエジプトは、その後も1971年9月まで、アラブ連合共和国を国名として使いました。

わずか6日で大敗

1960年代に入ると、イスラエルに故郷《こきょう》を追われたパレスチナの難民たちは、みずからの国をつくるため武力闘争をくり広げました。

アラブの英雄ナセルは、パレスチナ解放を国際社会に訴えます。1964年5月、アラブ連盟の会議で、ヨルダンでパレスチナ解放機構《かいほうきこう》（PLO）が結成されました。これもナセルの意向《いこう》が強く働いています。

1967年、イスラエルと、パレスチナ人を支援するシリアの軍事的な緊張が高まると、エジプト軍がシナイ半島に集結し、紅海に面するアカバ湾《わん》を封鎖《ふうさ》しました。

危機感を抱いたイスラエルは、6月5日にエジプト、シリア、ヨルダンに奇襲攻撃をしかけます。第三次中東戦争がはじまりました。

先手を取ったイスラエル軍は制空権《せいくうけん》を完全に奪って優位に立ち、わずか6日間でイェルサレムの東部をふくむヨルダン川西岸地区、地中海に面するガザ地区、シナイ半島、ゴラン高原を占領します。

敗れたエジプト軍は、1万人もの戦死者を出しました。ナセルは軍に責任を追及《ついきゅう》され、一度は辞任を表明します。しかし、続投《ぞくとう》を望む国民が多かったことから、ナセルは大統領職にとどまり、軍の反対派を追放しました。

第三次中東戦争後、エジプトはシナイ半島の油田地帯を奪われ、スエズ運河の東岸をイスラエルに占領されたため、一時的に運河が使えなくなりました。

ナセルは工業生産に力を入れますが、繊維、鉄鋼《てっこう》などの国産品は、技術力が足りておらず、低品質で活用されませんでした。

さらに、多くの農民を集団農場で働かせた結果、農民の稼《かせ》ぎが減り、生産高も伸び悩《なや》みました。

第三次中東戦争によるイスラエル領の変化

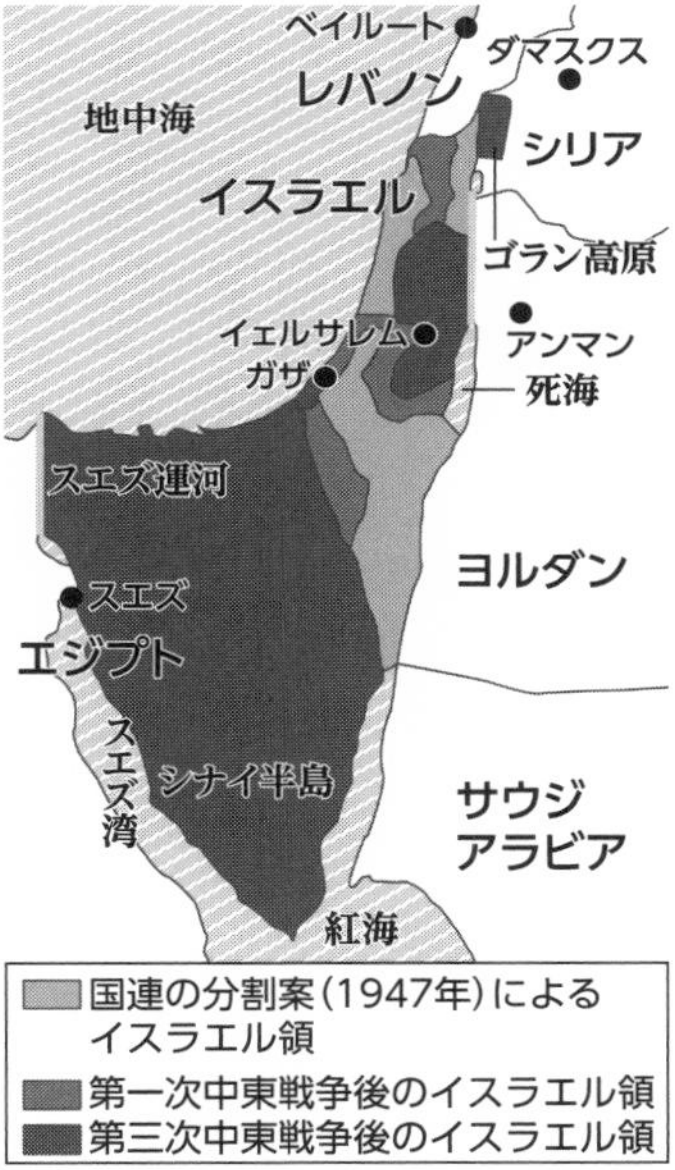

長く建設中だったアスワン・ハイダムは、ソ連

の援助によって1970年7月にようやく完成しますが、建設地では住民や歴史的な価値のある古代遺跡が移転を余儀《よぎ》なくされました。

ダムの完成から2カ月後、カイロでアラブ首脳会議を終えたナセルは、心臓発作で急死します。

戦争で石油が値上がり

ナセルの死後、自由将校団の初期からの同志で、副大統領を務めていたアンワル・アッ＝サダトが大統領となります。サダトはナセルの社会主義的な方針を修正し、アメリカを中心とする自由主義国との接近をはかりました。

サダト政権の課題は、第三次中東戦争で失った国土の回復でした。エジプトとシリアは入念な準備をして、1973年10月6日、東西からイスラエルに攻めこみます（第四次中東戦争）。この日はユダヤ教の新年の祭日であり、イスラエル軍の不意を突いたエジプトとシリアは大勝しました。

数日後にイスラエル軍が盛り返したものの、それまでの中東戦争で不敗だったイスラエルが敗れたことは、国際社会に衝撃を与えます。結局、アメリカとソ連が調停し、10月23日に停戦が成立しました。

開戦時、イラク、リビア、サウジアラビアなどのアラブ諸国を中心とする石油輸出国機構（ＯＰＥＣ）は、イスラエルに協力的な国ぐにに圧力をかけるため、石油価格の大幅値上げを発表します。アラブ諸国から多くの石油を輸入していたアメリカや日本、西欧の国ぐにでは、石油を原料とする製品をはじめ、数多くの商品が急激に値上がりし、第一次オイルショック（石油危機）と呼ばれる経済混乱におちいりました。

昨日の敵は今日の友

アメリカはかねてより、イスラエルを積極的に支持していました。しかし、アラブ産油国の圧力でオイルショックが起こると、１９７４年６月に大統領のニクソンがエジプトを訪問《ほうもん》し、エジプトとの関係改善をはかります。

サダトは、アメリカをはじめとする自由主義国からの援助を引き出すことに成功し、経済の立て直しを進めました。さらに内政面では、１９７６年10月に複数政党制を導入します。とはいえ、議会ではサダトが率いる国民民主党（ＮＤＰ）が議席の大部分を占めており、事実上の一党独裁体制が続きました。

また、サダトは社会主義路線を支持する勢力に対抗するため、イスラーム勢力を利用しようと、獄中《ごくちゅう》にいたムスリム同胞団のメンバーを釈放します。ムスリム同胞団はサダトを刺激しないようにふるまい、医療サービスや福祉事業などの社会活動に力を入れていきました。

１９７７年11月、サダトは長年の敵だったイスラエルを訪問し、首相のメナヘム・ベギンと会談しました。

サダトとベギンはアメリカの仲介によって和平交渉を進め、１９７８年3月に平和条約（キャンプ・デービッド合意）が成立しました。このことに世界は驚《おどろ》き、高く評価されたふたりは、そろってノーベル平和賞を受賞し

ました。

平和条約によって、エジプトがシナイ半島を領土として正式に奪還しますが、パレスチナ難民の問題は手つかずのまま保留《ほりゅう》とされます。

イスラエルとアメリカに歩み寄るサダトは、多くのエジプト国民、そしてアラブ諸国から裏切り者とみなされました。1978年にエジプトはアラブ連盟から脱退《だったい》を余儀なくされています。

サダトの経済改革のもとで、エジプトは石油産業や観光業が発達したものの、貧富の差が拡大し、国民の不満がしだいに募っていきました。そして1981年10月、イスラーム過激派組織に属する軍人によって、サダトは暗殺されます。

湾岸戦争で勝ち組に

サダトの暗殺後、副大統領のホスニー・ムバラクが後任の大統領になりました。ムバラクは元空軍司令官で、第四次中東戦争で大きな戦果を挙げて国民的な英雄となり、政府の要職に抜擢《ばってき》された人物です。

ムバラクは、サダトが進めた親米路線と経済改革を引き継ぎ、国営企業に経営の自主性を与えるなど、自由主義経済の定着をはかります。一方でアラブ諸国との関係改善にも努め、１９８９年5月にアラブ連盟への復帰をはたしました。

ところが１９９０年8月、イラク軍がクウェートに侵攻したことで情勢は急転回します。イラクは国際的には非難されましたが、エジプト国内ではアメリカに反発し、同じアラブのイラクに肩入れする空気も流れていたのです。ムバラクは決断を迫られました。

１９９１年1月、アメリカを中心とする多国籍軍は、クウェートに侵攻したイラクに対して攻撃をしかけ、湾岸戦争が勃発しました。

このとき、エジプトは多国籍軍に参加して、アメリカとの友好関係をさらに強めました。同年12月、ソ連では共産党が事実上崩壊し、冷戦時代が終わります。アメリカが国際社会で一強となるなか、エジプトが親米路線を強化するのは必然でした。

湾岸戦争後、エジプトはアメリカや中東の産油国から多額の経済的支援を引き出します。１９９０年代のエジプトは、国営企業が民営化され、外国資本が入ってきたことで、財政が大幅に改善されていきます。

エジプトの実質GDP（国内総生産）は、ムバラクが大統領に就任した1981年に、7320億7000万エジプト・ポンドでしたが、2001年には約2・5倍の1兆8860億8800万エジプト・ポンドに伸びました。

飛躍的《ひやくてき》な経済成長をはたしたエジプトでは、タイル製造業者のセラミカ・クレオパトラ・グループ、高級じゅうたんメーカーのオリエンタル・ウィーバーズなどの巨大企業が台頭し、海外でもその製品が広く知られるようになりました。

成長の陰で高まる不満

経済成長が進んだムバラク時代ですが、エジプトの政治は、依然《いぜん》として国民民主党の実質的な一党独裁で、言論活動や政治活動は制限されていました。政権との直接的な対

そのころ、日本では？

1995年11月にパソコン用OSソフトのWindows95日本語版が発売され、パソコンとインターネットのユーザーが急速に増加しました。NTTドコモは1999年に携帯電話《けいたいでんわ》向けのインターネットサービスであるiモードを開始し、利用者は2001年末までに3000万人を突破しました。

立を避け、穏健路線《おんけんろせん》を取るムスリム同胞団の主流派以外に、武力によって体制の転覆《てんぷく》をはかる急進的なイスラーム主義者のグループも現れます。

1997年11月、古代遺跡が集中するルクソールで、過激派組織のイスラーム集団が、多数の外国人観光客を銃撃《じゅうげき》する事件が起こりました。10人の日本人のほか、スイス、ドイツなどから来ていた62人が犠牲となりました。古代遺跡の歴史的価値を活《い》かした観光業をおしていたエジプトにとって、大きな打撃でした。

おりしも、大学進学率が上昇して高学歴者が増えていたエジプトでは、就職先となる民間企業が少ないせいで、多くの若者が失業状態となっていました。失業問題が悪化するにつれ、国民は政府に対する不満を募らせました。

2000年代に入ると、ムバラクの長期政権に対して国内外で批判が高まり、「キファーヤ（もうたくさん）運動」と呼ばれる、体制批判や街頭《がいとう》デモが起こりました。

2005年、ムバラク政権はそれまで信任投票《しんにんとうひょう》だった大統領選挙を、複数候補から選べる直接選挙へと変更し、民主化する姿勢をアピールします。ところが、実際には政府が選挙に介入し、野党への弾圧を強めたため、国民の不満は解消されませんでした。

1月25日革命

２０１０年12月、チュニジアで大規模な反政府デモが起こり、23年間にわたって権力を独占していたベンアリ大統領が失脚《しっきゃく》しました（ジャスミン革命）。

ほどなくして、リビア、アルジェリア、ヨルダン、イエメン、モロッコ、シリアなど、中東の国ぐにで民主化運動が連鎖的《れんさてき》に広がります。一連の動きは、「アラブの春」と呼ばれました。

翌年1月25日、カイロで大規模な反政府デモが起こり、20万人を超える民衆が結集しました。ムバラクの最大の支持勢力であった軍すらも市民に味方し、30年にわたって独裁を維持してきたムバラクは、２月11日に辞任します。

エジプトでの運動は、1月25日革命と呼ばれます。

2012年に大統領選挙が行われ、ムスリム同胞団を母体とする自由と公正党出身のムハンマド・ムルスィーが大統領に就任しました。

ただ、政教分離をめざす勢力とイスラーム教の価値観を重視する勢力が対立し、政権の足並《あしな》みはそろいませんでした。混乱が続くなか、2013年7月に軍の圧力によって、ムルスィーは解任されます。

2014年の大統領選挙では、軍の代表である前国防大臣のアブドゥルファッターフ・アッ＝シーシーが当選しました。シーシー政権は、治安の回復と経済の安定につとめて内外の支持を集めながらも、ムスリム同胞団ほかの反政府勢力を抑えつけており、新たな独裁体制への道を進んでいます。

そのころ、日本では？

21世紀に入り、日本とエジプトの関係は深まっています。2001年には日本の支援によるスエズ運河橋（ムバラク平和橋）が完成し、2010年には日本の教育の特徴をとり入れたエジプト日本科学技術大学（E-JUST）がアレクサンドリアに設立されました。

エジプトはどこへ向かう？

政変と混乱を経ながらも、21世紀のエジプトはめざましい発展を続けています。2015年にはスエズ運河と並行する新スエズ運河を開通させ、地中海に向かう船と紅海に向かう船が同時に航行できるようになりました。エジプトの通航料収入は大幅に増大し、2022年の実質GDPは、4兆6330億エジプト・ポンドと、20年前の約2・3倍になりました。これは、アフリカ大陸54カ国のなかではトップクラスで、オーストリアやデンマークなど一部のヨーロッパの先進国より上位です。

経済成長にともない、カイロは急激な人口増加が問題となっていました。これに対応するため、2015年から首都移転の計画が進められています。現在、カイロの東約50キロメートルの場所に、新首都が建設されています。高さ393メートルの「アイコニックタワー」をはじめ、多くの超高層ビルが立ち並ぶ予定です。

数千年の昔、巨大なピラミッドが築かれたエジプトでは今、アフリカ大陸屈指《くっし》の高層ビルが次々と建設されており、世界に注目されています。

エジプトの歴史

年表

この年表は本書であつかったエジプトを中心につくってあります。下段の「世界と日本のできごと」と合わせて、理解を深めましょう。

年代	エジプトのできごと
〈紀元前〉	
5500ころ	ナイル川流域で農耕と牧畜がはじまる
4000ころ	上エジプトでナカダ文化、下エジプトでブト・マーディ文化が出現
3000ころ	ナルメル王が上下エジプトを統一
2686ころ	古王国時代がはじまる
27世紀	ジェセル王が「階段ピラミッド」を建設
27～26世紀	スネフェル王が「赤ピラミッド」を建設
26世紀	クフ王が「大ピラミッド」を建設
25世紀	ウセルカフ王が太陽神殿を建設

世界と日本のできごと

〈紀元前〉

世界 銅の精錬がはじまる（5500ころ）

世界 黄河流域で仰韶文化が興る（5000ころ）

世界 メソポタミアで都市国家が誕生（40世紀ころ）

世界 メソポタミアで通貨が使われる（3000ころ）

世界 インダス文明が興る（2600ころ）

世界 ミノア文明が興る（2600ころ）

世界 黄河流域で龍山文化が興る（2500ころ）

24世紀	ピラミッド・テキストが刻まれはじめる	世界 アッカド帝国が建国（2334?）
2181ころ	第一中間期がはじまる	世界 ヨーロッパで青銅器時代開始（2300ころ）
2055ころ	メンチュヘテプ2世がエジプトを統一、	世界 夏王朝が建国?（2070ころ）
	中王国時代がはじまる	
20世紀	アメンエムハト1世が首都イチタウイを築く	
1650ころ	第二中間期がはじまる	世界 ハンムラビ法典が発布（18世紀）
1550ころ	イアフメス1世がエジプトを統一、	世界 ヒッタイト古王国が建国（1680ころ）
	新王国時代がはじまる	世界 殷王朝が成立（1600ころ）
1473ころ	ハトシェプストとトトメス3世が共同統治	世界 アーリヤ人がインドへ進出（1500ころ）
14世紀	アメンヘテプ4世によるアマルナ宗教改革がはじまる	
1274ころ	カデシュの戦い	
1258ころ	ラメセス2世がヒッタイトと和平同盟条約を結ぶ	世界 オルメカ文明が栄える（1200ころ）
13世紀	メルエンプタハ王が「海の民」を撃退	
1080ころ	ヘリホルがアメン大司祭となり、神権国家を樹立	世界 周王朝が成立（1050ころ）
1069ころ	スメンデスが即位し、第三中間期がはじまる	世界 ヘブライ王国が建国（1000ころ）

年代	エジプトのできごと	世界と日本のできごと
730ころ	ピイ王がエジプトを統一	世界 古代オリンピックが開催（776）
671	アッシリア軍がメンフィスを占領	世界 アッシリア帝国が滅亡（612）
664	プサメテク1世が即位、末期王朝時代がはじまる	世界 アケメネス朝ペルシアが建国（550）
525	ペルシア軍がメンフィスを占領	世界 アケメネス朝ペルシアが滅亡（330）
332	アレクサンドロス大王がエジプトに侵攻	世界 ポエニ戦争（264）
305	プトレマイオス1世が即位	世界 始皇帝が死去（210）
186	プトレマイオス5世がエジプトを再統一	世界 ローマ帝国が成立（27）
30	プトレマイオス朝が滅亡し、ローマによる支配がはじまる	
〈紀元〉		〈紀元〉
639	アラブ軍がエジプトに侵入	世界 唐王朝が成立（618）
642	アラブによる支配がはじまる	日本 乙巳の変（645）
8世紀はじめ	アラビア語が公用語に	日本 大宝律令（701）
868	トゥールーン朝が独立	世界 フランク王国が分裂（843）
935	ムハンマド・イブン・トゥグジュがイフシード朝を樹立	日本 平将門の乱（939）

969	ファーティマ朝がエジプトを征服	世界 オットー1世が神聖ローマ皇帝に（962）
973	ファーティマ朝が本拠地をカイロに移転	日本 安和の変（969）
1169	ザンギー朝の遠征軍がカイロ入城	日本 平清盛が太政大臣に（1167）
	サラディンがエジプト宰相となり、アイユーブ朝が成立	日本 源頼朝が石橋山で挙兵（1180）
1187	ヒッティーンの戦い	日本 壇ノ浦の戦いで平氏が滅亡（1185）
1193	サラディンが死去	世界 ドイツ騎士団が誕生（1190）
1219	十字軍がエジプトに侵攻	世界 モンゴル帝国が成立（1206）
1250	マンスーラの戦い	世界 キエフ・ルーシが滅亡（1240）
	シャジャル・アッドゥッルが即位し、マムルーク朝が成立	日本 北条時頼が執権に就任（1246）
1260	エジプト軍がアイン・ジャールートでモンゴル軍を	日本 文永の役（1274）
	破る、バイバルスがスルタンに	世界 南宋が滅亡（1279）
1348	ペストが大流行	世界 百年戦争がはじまる（1339）
1517	マムルーク朝が滅び、オスマン帝国による支配がはじまる	世界 ルターの宗教改革がはじまる（1517）
1798	ナポレオンがエジプトに侵攻	日本 寛政の改革がはじまる（1787）
1799	ロゼッタ・ストーンが発見される	世界 連合王国（イギリス）が成立（1801）

年代	エジプトのできごと	世界と日本のできごと
1805	ムハンマド・アリーがエジプト総督に就任	世界 神聖ローマ帝国が滅亡（1806）
1807	ムハンマド・アリーがアル＝ハミード近郊でイギリス軍を破る	日本 間宮林蔵が樺太を探検（1808）
1831	第一次エジプト・トルコ戦争	日本 大塩平八郎の乱（1837）
1839	第二次エジプト・トルコ戦争	世界 アヘン戦争（1840）
1867	イスマーイールがエジプト副王となる	世界 アメリカ南北戦争がはじまる（1861）
1869	スエズ運河が完成	日本 大政奉還（1867）
1881	ウラービー運動（革命）	日本 明治十四年の政変（1881）
1902	アスワン・ダムが完成	日本 日露戦争（1904）
1908	エジプト国民大学（現・カイロ大学）が設立	日本 韓国併合（1910）
1914	エジプトがイギリスの保護国（事実上の植民地）に	世界 第一次世界大戦がはじまる（1914）
1919	1919年革命	世界 ワイマール憲法が制定（1919）
1922	エジプト王国が成立	日本 関東大震災（1923）
1942	2月4日事件	日本 ミッドウェー海戦（1942）
1948	第一次中東戦争	日本 日本国憲法が公布（1946）

1949	エジプト政府がムスリム同胞団のバンナーを暗殺	世界 北大西洋条約機構が発足（1949）
1952	エジプト革命	世界 朝鮮戦争がはじまる（1950）
1953	王制が廃止、ナギーブが初代大統領に就任	日本 日米安全保障条約に調印（1951）
1956	ナセルが大統領に就任、第二次中東戦争	世界 アジア・アフリカ会議（1955）
1958	シリアと統合し、アラブ連合共和国に	世界 キューバ危機（1962）
1967	第三次中東戦争	世界 文化大革命がはじまる（1966）
1970	アスワン・ハイダムが完成、サダトが大統領に就任	日本 万国博覧会が開催（1970）
1973	第四次中東戦争	日本 沖縄が返還される（1972）
1978	エジプトがアラブ連盟から脱退	世界 イラン革命（1978）
1979	キャンプ・デービッド合意	世界 ソ連がアフガニスタンに侵攻（1979）
1981	サダト暗殺、ムバラクが大統領に就任	世界 イラン・イラク戦争がはじまる（1980）
1989	エジプトがアラブ連盟に復帰	世界 湾岸戦争がはじまる（1990）
1997	ルクソール事件	日本 阪神・淡路大震災（1995）
2011	1月25日革命、ムバラクが辞任	日本 東日本大震災（2011）
2014	シーシーが大統領に就任	世界 ロシアがクリミア半島を併合（2014）

参考文献

『古代エジプト全史』河合望(雄山閣)

『古代エジプト解剖図鑑』近藤二郎(エクスナレッジ)

『大英博物館 図説古代エジプト史』 A.J.スペンサー、近藤二郎訳(原書房)

『エジプト考古学[改訂版]』近藤二郎(早稲田大学文学学術院)

『古代エジプト入門』内田杉彦(岩波書店)

『古代エジプトファラオ歴代誌』ピーター・クレイトン、吉村作治監修・藤沢邦子訳(創元社)

『全系図付エジプト歴代王朝史』エイダン・ドドソン・ディアン・ヒルトン、池田裕訳(東洋書林)

『古代エジプト解剖図鑑』近藤二郎(エクスナレッジ)

The Oxford Handbook of Egyptology, I. Shaw and E. Bloxam (eds.), Oxford University Press.

“Late Dynastic Period,”*UCLA Encyclopedia of Egyptology*,Ladynin,I.

The Oxford History of Ancient Egypt, I. Shaw (ed.), Oxford University Press.

『岩波イスラーム辞典』大塚和夫ほか編(岩波書店)

『新イスラム事典』日本イスラム協会監修(平凡社)

『新版世界各国史8 西アジア史Ⅰ アラブ』佐藤次高編(山川出版社)

『岩波講座 世界歴史09 ヨーロッパと西アジアの変容 11～15世紀』大黒俊二・林佳世子編(岩波書店)

『アジア人物史4 文化の爛熟と武人の台頭』三浦徹ほか(集英社)

『ムハンマド・アリー 近代エジプトを築いた開明的君主』加藤博(山川出版社)

The Cambridge History of Egypt, 2 vols., C. F. Petry and M. W. Daly (eds.), Cambridge University Press.

The Encyclopaedia of Islam, 2nd edition,12 vols., H. A. R. Gibb et al. (eds), E. J. Brill.

『新版 エジプト近現代史―ムハンマド・アリー朝成立からムバーラク政権崩壊まで―』山口直彦(明石書店)

『現代エジプトを知るための60章』鈴木恵美編(明石書店)

『ナセル アラブ民族主義の隆盛と終焉』池田美佐子(山川出版社)

『戦争・革命でよむ世界史 総解説』三浦一郎(自由国民社)

［著者］
山崎世理愛（やまざき・せりあ）
1992年、東京都生まれ。早稲田大学文学学術院講師（テニュアトラック）。博士（文学、早稲田大学）。専門はエジプト学、エジプト考古学。おもな論文に“Repeating the Ritual Underground: Performance of the Royal Object Ritual in the Middle Kingdom,” Gracia Zamacona, Carlos (ed.), *Variability in the Earlier Egyptian Mortuary Texts*,Brill、「エジプト中王国時代における器物奉献儀礼の変容とその社会的背景」『オリエント』第65巻第1号、1-17頁（2022年）がある。

五十嵐大介（いがらし・だいすけ）
1973年、東京都生まれ。早稲田大学文学学術院教授。博士（史学、中央大学）。専門は前近代アラブ・イスラーム史。おもな著書に『中世イスラーム国家の財政と寄進：後期マムルーク朝の研究』（刀水書房）、『岩波講座 世界歴史 第９巻 ヨーロッパと西アジアの変容 11 ～ 15世紀』（共著、岩波書店）がある。

編集・構成／造事務所
ブックデザイン／井上祥邦（yockdesign）
イラスト／ suwakaho
協力／佐藤賢二
写真／〈P5〉Mohijaz/shutterstock.com

世界と日本がわかる　国ぐにの歴史
一冊でわかるエジプト史

2023年11月20日　初版印刷
2023年11月30日　初版発行

著　者　山崎世理愛・五十嵐大介

発行者　小野寺優
発行所　株式会社河出書房新社
〒151-0051
東京都渋谷区千駄ヶ谷2-32-2
電話03-3404-1201（営業）
03-3404-8611（編集）
https://www.kawade.co.jp/
組　版　株式会社造事務所
印刷・製本　TOPPAN株式会社

Printed in Japan
ISBN978-4-309-81119-2

「世界と日本がわかる 国ぐにの歴史」シリーズ